吴小莉：
与卓越同行

吴小莉◎著

四川出版集团　四川文艺出版社

　　今日中国，站在时代巨变的当下。当互联网革命催生出的生产力变革，在推动着整个世界的变化时，那些商业领袖、行业里的卓越者，也正以其特有的敏感与躁动，积极地反映并参与着最终必将触及我们每一个人的变迁。

　　在我们探索未来时，这股力量无法缺席。

　　本书中的嘉宾，都堪称中国商业顶峰上的人物，每个人的谈吐风格，都别具个性、自成一派。

　　我们与卓越的他们同行，也与未来同行。

希望大家的感觉都好，
感觉到社会整体在进步。

年近70的柳传志阅历丰富。不论任何提问，他总是能在自己的记忆中找出曾有的经验或感悟。与他聊天，就像是坐着一辆人生的列车，随着议题的攀坡、入谷，高低起伏。

柳传志的话不见得最字字珠玑，不见得最醍醐灌顶，但他特有的温和、从容，让人感觉到，无论是高官大夫还是贩夫走卒的问题，他都能用一种最诚恳的姿态倾心相谈。这个姿态或许就是他的力量，一种在中国无论殿堂之高、江湖之远皆可游刃有余的力量。

　　马云对未来的留言充满哲理：相信未来。但我还喜欢他私下对未来的描述。他说：年轻人如果心存对未来的崇敬、对今天的认真踏实、对昨天的感恩，就会有机会。

　　一方面，他在人前是如此的自信，每每做些"众人皆醉我独醒"的警示；另一方面，他又习惯性把自己缩紧放低，极力把自己形容成一个非常普通的人。他说："我是误以为我在7000米的高度，说不定我只有3000米，我可能是误以为，因为人啊，很容易把自己看高，也很容易把自己看低。"他是如此努力地让自己保持警醒。也许他早已意识到，坐在刻满了"完美""奇才"字样的偶像神坛之上，是一件多么辛苦的事。

　　当马蔚华说出"未来银行业的竞争，某种意义上是管理的竞争"时，他已经看到了中国商业银行未来真正的命门所在。互联网，也许是个催化剂，但释放商业银行和扼杀商业银行的真正力量都取决于中国商业银行的管理水平能在多短时间内具有与时代相匹配的水准。

　　在传统银行业里，对变化的敏感和开放的态度，绝对是马蔚华身上一个毫无争议的标签。因而他才能一次次地通过内部变革，让招行成为中国银行业的标识之一。在时代的激流中，不断前进，改变自己，创造未来。

SALLY'S CHARRETTE
与卓越同行

希望老百姓的生活越来越幸福！

　　在研究邀请与哪位卓越人物同行时，宗庆后这位中国首富，没有意外地进入大家的视线。在这个新经济风起云涌的时代，他坚守着实业。套用宗庆后自己的话说，"是靠一分一厘钱赚出来的首富"，似乎总有一些超越潮流的喻意。

　　面对未来，宗庆后自己说："对于明年做什么，我们会考虑；但是对于三五年后的事就说不准了，因为变化太快了。"就是这样一位实实在在的企业家，对于现场嘉宾对电子商务的追捧，质疑得振振有词。他坚信，网络渠道是发展方向，但传统渠道仍然为王。

农企带动农户，保障食品供应。

　　被称为众多"大王"的刘永好，已经在农业上驰骋了三十多个年头，与改革开放几乎同龄。在如今农业逐渐成为"新宠"的潮流下，他依然执着而专一。对谈时，他对自己未来的方向清晰而自信，就是要走合作化道路，走产业链的道路，走规模经济的道路。而对于时下兴起的特色农庄等新兴事物，他同样是一副老大哥的姿态，乐见其成。他致力于农业的现代化转型，想让中国农业获得世界的认可，希望中国农民的收入能更上一层楼。

尽享无线互联的智慧生活

低调如他，让很多人都不太了解这位大企业的掌门人。但在移动互联网的发展中，他已经探索了很久。带着中国联通，常小兵在移动互联网的进步上做出了贡献。

在这里，他与其他嘉宾一起探讨运营商的未来、移动互联的影响力。他也在探索运营商的下一个赢利点，力求在新浪潮到来的时候，再次成为观众瞩目的焦点。

CONTENTS 目录 →

对话柳传志：未来五年，中国企业面临的不确定性 / I

　　未来五年，整个世界大概也不会那么安定。国际上的政治经济形势肯定是不确定的；咱们国家的法律、法规、政策等，对经济形势的影响格外大，未来将会怎么样，也不确定；还有科技的发展，也不确定；是否有强有力的竞争对手出现，这也是不确定性的。这些东西都是我们要考虑的，当然还有很多很多。

对话马云：世界因小而美 / 41

世界在发生巨大的变化。20世纪的工业时代，所有的企业都讲究规模，讲究大，讲究标准；现在的企业都要讲究小，讲究特色、附加值。所以我们以前认为对的东西，今天都开始出现问题，都开始走相反的方向，你准备好没有？我坚定不移地认为，未来的世界一定是小企业越来越好，大企业越来越累。

......

对话马蔚华：变化的世界改变着金融 / 83

无论是人类社会还是自然环境，都是变化的。对于金融业来讲，每时每刻都受着这个万变世界的影响。传统的银行如果不能适应这个变化的话，它就是"一群21世纪行将灭绝的恐龙"。现在我们的移动互联网正在改变千千万万人民的生活方式，而这种生活方式必然影响人民对金融业的需求。没有人能够左右变化，只有走在变化的前面。

......

对话宗庆后：新时代里的传统力量 / 117

实体经济，是创造财富的经济。而制造业是专门为老百姓生产所需要的日用品的产业，它永远是有需要的，所以实体经济永远是不会衰退的，关键是怎么去创新，怎么去降低成本，怎么去提高使用的附加值。电子商务到后面发展到底会怎么样，我还是有疑问的。

对话刘永好：新农业的未来变局 / 151

中国的农村、农业正在发生巨大的变革。到 2020 年，全国人民的收入要翻番，首先农民收入就得翻番。农民的收入翻番靠什么？必须靠转型，靠现代农业，靠规模化，靠产业链，靠合作经济组织，靠公司、农户、农民的联合。通过我们不断地努力，改变传统的农业模式，这就是伟大的变革。

对话常小兵：移动互联大棋局　/　185

　　在移动互联网如火如荼发展的年代，我们多年所遵守的很多章程习惯，正在自觉不自觉地发生着改变。移动互联网会像空气一样笼罩在我们身边，它极有可能成为整个经济转型发展的新动力，它也极有可能成为我们创新商业模式的新活力，它充满着机遇和挑战。

PREFACE 推荐序 1

卓越的企业家应当有远见

记得两年多以前，吴小莉女士曾就《与卓越同行》节目征求过我的意见，我当即表示赞同。现在该节目已经设立，并已采访了柳传志、马云、马蔚华、宗庆后、刘永好、常小兵等六位企业家，还即将成书出版。我感到十分高兴，便欣然答应了吴小莉女士邀我为本书作序的请求。

我曾经说过，一个优秀的企业家应当具备四维知识结构，即专业的深度、知识的广度、哲学的高度和清晰的远见。而卓越的企业家不应仅仅关注企业的今天而陷入日常繁忙的事务之中，还应当更加关注企业的明天，用他的远见卓识来引导企业应对复杂多变的未来。

复杂多变的未来不仅源于客观世界在政治、经济、社会、科技、文化等方面的不确定性，而且还受到人们对客观世界认识能力的制约。因此所有对未来的预测都不可能是完全准确的，但是没有远见却是肯定不行的。一个卓越的企业家虽然不能准确地预测未来，但却可以尽可能地根据自己的经验并通过勤奋学习来增强预见及应对未来的能力。

本书通过对六位知名企业家的采访，让读者了解他们的个人风采和远见卓识。浏览全书以后，我相信读者可以从他们的谈吐中感受到以下几个特点。

一是居安思危。我常说企业家只有一时的成功，没有永久的成功。企业家的成绩总是属于过去，每天都要面临新的挑战。因此企业家不应为已经取得的成绩而沾沾自喜，而应当更多的看到未来可能出现的威胁。作为一个成功的银行家，马蔚华更多的是看到互联网、移动通信、第三方支付等新事物对传统银行业的威胁，以至于深以"传统的银行如果不能适应这个变化的话，它就是一群 21 世纪行将灭绝的恐龙"这段话为警示。我相信具备这种认识的他，必然会努力推进银行业的创新发展。

二是勇于开拓。企业家既要认识到未来可能存在的威胁，更应当勇于应对挑战，不断开拓创新。从阿里巴巴、淘宝平台、支付宝到菜鸟物流，马云可以说是最敢闯的企业家，"永不放弃"的精神确实令他取得了成功。他所强调的个性化需求、附加值、特性企业、幸福企业等观念，对中国的创业者应当有所启发。读者很容易发现，同样作为成功的企业家，宗庆后与马云不同，虽然他也认为电子商务有发展前途，需要健康地规范地去发展，但他坚信传统渠道不会因为电子商务的发展而消失掉。显然他也不会同意马云所说的"未来的世界一定是小企业越来越好，大企业越来越累"的观点。至于孰对孰错，恐怕只有耐心等待未来，由实践给出答案。

三是见微知著。企业家应当能够敏感地从微小的变化中看到未来的大趋势，并提前制定对策。世界正接近以互联网为引导的第三次产业革命的高潮，新一代互联网（IPV6）、第四代移动通信、大数据、物联网、第四方物流、3D打印等创新层出不穷。常小兵作为中国联通的掌门人，敏锐地看到了移动互联时代的商机，对电信运营商在游戏规则、商业模式等方面的应对进行了思考。据报道，克强总理于 7 月 12 日主持召开国务院常务会议，提出促进信息消费的政策目标，"十二五"后三年，我国信息消费规模年均增长 20%以上。权威部门测算，到 2015 年，我国信息消费规模将超过 3.2 万亿元，这将会给中国联通等电信运营商提供巨大的机遇和挑战。

四是精心布局。一个优秀的企业家应当像一名优秀棋手那样深知布局之道，柳传志就可以说是一位布局高手。在带领联想披荆斩棘成长的近三十年中，他不断地"退出画面"、"复盘"，甚至"退居二线"，深思熟虑地精心布局，稳健落子，在联想集团的发展战略、业务方向、人事安排、财务管理等各个方面争得先手。从并购 IBM 个人电脑，到建立联想控股开展风险投资，到胡萝卜加大棒进军农业，都令人出乎意料，但又不禁击节赞赏。对于我国农业商机盎然的未来，刘永好和柳传志可谓"英雄所见略同"。著名的美国投资者吉姆·罗杰斯（Jim Rogers）最近指出，买黄金不如投资农业，也可以作为一个旁证。刘永好提出的农民收入翻番必须靠转型，靠现代农业，靠规模化，靠产业链，靠合作经济组织，靠公司、农户、农民的联合，都是他根据多年来在农业领域的实践中形成的远见卓识。

每个成功的企业家都有独特的管理风格，其观点也是仁者见仁，智者见智。20 世纪美国汽车行业的三位管理大师福特（Ford）、斯隆（Sloan）和艾柯卡

(Iacocca) 其管理风格和观点也各有特色。我希望读者从成功的企业家处得到启发，但是绝不要刻意模仿，因为那将是"不可能完成的任务"。

我曾数次接受过吴小莉女士的采访，对她的勤学敬业、口齿伶俐，反应灵活和落落大方的主持风格颇为赞赏，我相信读者在看过本书后，都会和我有相同的感受。

预祝本书的读者开卷有益！

成思危

中国科学院大学管理学院院长

2013 年 7 月 30 日于北京

卓越的心

吴小莉的《与卓越同行》电视节目很受欢迎，这次她请我给《吴小莉：与卓越同行》一书作序，我欣然答应，原因之一是我很欣赏"卓越"这个概念。从某种意义上说，"卓越"是干事业的最高境界，也是人生的最高命题。

记得我第一次认识吴小莉，是在 2007 年 8 月 15 日。她当时率领凤凰卫视的团队来采访我。给我印象最深的是，她采访前已经做足了功课，做事情非常敬业，非常专业，追求卓越，追求完美。之后，她又多次采访我，每一次采访都非常愉快。我很欣赏这样的人，无论做任何事情，都努力追求完美，把事情做到极致，尽善尽美。

这本书的故事，都来自于她主持的《与卓越同行》节目。小莉和常小兵、柳传志、马云、宗庆后等一批我国各个行业的卓越人士，华山论剑，崂山论道，在谈经论道之间，展现了吴小莉对"卓越"的理解，对卓越企业家的精神解读，也展现了企业家对事业的执着、对责任的担当、对卓越的追求，诠释了"什么是卓越"。我理解，追求卓越，必须有卓越的心。现大家一直在说"中国梦"，人人都有自己的梦想，心之所思，梦之所想，心有多大，天就有多高。天行健，君子以自强不息。发自内心的愿望，是追求卓越最根本的动力源泉。追求卓越，必须卓越地"行"。起于平凡，不甘平凡，从小事、凡事做起。但无论事情多么平凡，只要是所愿所想，我们都应倾注满腔热情，把小事做精，把凡事做优，脚踏实地，百折不挠，积跬步以至千里，积小流以成江海。没有这种脚踏实地、敬业如命的精神，一切都无从谈起。追求卓越，必须有向上的志向。这很像爬山，爬山的人是向上的，永远走上坡路；而下山的人，走的是下坡路，一直向下看，自己觉得自己最高，自我陶醉，自我满足。追求卓越永无止境，这是一种境界，欲穷千里目，更上一层楼，百尺竿头，更进一步，才能臻于至善。

我很喜欢看NBA（美国男子篮球职业联赛）。NBA的最大特色，就是制造精彩，创造卓越。它设计了一套制造精彩的制度，从全球选秀，把最优秀的球星选进NBA，在各队中加以组合；对球星的表现如得分、助攻、抢篮板等都进行科学的评价；对教练和球星进行最有效的激励，为美国乃至全世界球迷制造了无数的精彩，也获得了相应的商业和文化成功。这也可以说是一个经典的追求卓越的案例。

改革开放三十多年来，我国涌现了一批卓越的企业和企业家，但从我国经济的国际地位上讲，他们的数量还远远不够。目前，中国经济总量已经是世界第二，"场子"已经足够大，"水"已经足够深，有条件出现世界级的卓越企业、世界级的卓越企业家，有条件为人类社会的进步文明制造更多精彩。所以，当前尤其需要倡导这种追求卓越的精神，创造卓越的企业制度，演绎卓越的精彩人生，实现更加卓越的经济社会发展。

人，企业，都需要"与卓越同行"。

李荣融

中国国际经济交流中心副理事长

中国国务院国有资产监督管理委员会首任主任

2013年7月16日

PREFACE 自序

　　在"未来"对我来说还仅是一系列可能性的那个年纪，每次学校办讲座，我从台下望去，总能看到各路精英如金甲天神般祥云环绕，坚不可摧。那时候，我想，"卓越"应是从天而降的质地，由非凡之材质打造，世所罕有，惹人向往。

　　走到今天，当仰望的角度，渐渐被成长拉平，我对"卓越"便渐生出不同感悟："卓越"不是一个结果，不是一种恒定的质地，而是一种态度，一种无差别地蕴含于每个微小个体中、最脆弱亦最坚韧的力量。

　　"卓越者"拥有着与每个普通人同样的体质。他们不是坚不可摧，只是在一次次颓然倒下时，比普通人多那么一次咬牙重新站起来的倔强。

　　他们不是英明神武，不会犯错，只是在一次次猝不及防的错误面前, 有比普通人快那么一点点拥抱和接受自己的错误, 并继续前行的释怀。

他们不是神勇护体不知恐惧, 他们和所有人一样会害怕和犹豫, 只是在普通人恐惧而止步的那一刻, "卓越者"比普通人多了那么一点点勇气, 敢于说: "不, 我要面对。"

于是我渐次理解: "卓越"不是什么超凡入圣、不可企及的质地, 它是在某一个时刻、某一个临界点, 比大部分人多出来的那么一点点坚持。

是的, 卓越与平凡之间只差一点, 差一点向着极限自我挑战的胆识。

20 世纪 60 年代末, 诗人食指在诗歌里告诉我们, 要相信未来。在和马云的对话之后, 他也留下了同样一句话, 相信未来。

"未来"这个词是有魔力的。

马蔚华说: "不知未来, 无以理解当下。"所以, "未来"与其说是一个虚无缥缈的设想, 倒不如说是梳理当下的一把梳子。"未来"的力量与其说是给了我们向前的希望与憧憬, 不如说是给了我们改变今天的动力和方向。

今日中国, 站在时代巨变的当下。当互联网革命催生出的生产力变革, 在酝酿着整个世界的变化时, 那些商业领袖、行业里的卓越者, 也正以其特有的敏感与躁动, 积极地反映并参与着最终必将触及我们每一个人的变迁。在我们探索未来时, 这股力量无法缺席。

于是在飞速变幻的时代, 我们寻找中国商业领域闪光的头脑, 希望在与他们的对话中, 用商业的力量为我们这个纷乱而又生机勃勃的时代画下坐标, 通过他们的视野, 为我们洞见未来的方向。

六场对话，不是结语，而是开篇，为中国人预想的经济生活开篇，为未来开篇。

我庆幸能和这个时代卓越的头脑一同前行，通过他们今天的判断，找到明天的线索。

就像里尔克说的那样："未来走在我们中间，是为了在它发生之前很久就先行改变我们。"

吴小莉

2013年8月1日于香港

对话柳传志：
未来五年，中国企业面临的不确定性

　　未来5年，整个世界大概也不会那么安定。国际上的政治经济形势我想肯定是不确定的。现在美国的经济好像是在向好发展，比较稳定，但是还有诸多的不确定因素。而咱们国家，法律、法规、政策等，对经济形势的影响格外大。新一届的领导，有宏图大志，大家都对他们抱有很高的期盼，未来将会怎么样，这个不确定性也有。有时候我们想得很好，但是否真能做到，这也是个问题，是企业必须要考虑的。还有科技的发展，这也属于不确定性；是否有强有力的竞争对手出现，也是不确定性……这都是我们需要考虑的。

——柳传志

他读过军校，后来进入科研领域，40岁的时候开始创业，缔造了一个世界级的电脑王国。而现在的他一边玩着切水果的游戏，和朋友们用即时通信工具聊着天，一边专注于经营他人生的第三个身份——投资家。但是无论何时何地居于何位，他身上始终不变的是联想的烙印，他是中国企业界的教父级人物。

对话实录视频

第一次采访柳传志是 2001 年，在南京参加华商大会，那是他首次卸任联想集团董事长后不久。和他的对话，感觉像是一起欣赏一幅山水泼墨画：沉静，浑厚，似乎不着痕迹，却浓淡相宜！

他笑着对我说，有时候做企业，要学会退出画看画，如果这个画太近了，看不出这个黑是什么！

科技部部长万钢说，他做科学家时就有一个习惯，每天晚上会想想今天做的事有哪些还不完善，第二天会立刻纠改。"退出画面"、"复盘"，原来是柳传志等科研人的习性。

我想起松下幸之助所说的："当企业是 1 个人的时候，我自己干；当企业有 10 个人的时候，我跑在最前面；当企业有 100 人的时候，我走在队伍的中间；当企业有1000 人的时候，我在最后面。"

于是柳传志退了一步，但不仅仅止于观赏，更是一次精进的转型。

而柳传志每次见到我，总是津津乐道的，却是另一次华商大会：那是 2005 年在首尔举行的。他说当时同桌的我们，在用餐时，总是有不同的朋友邀请合影，我作为女士，又穿着隆重的礼服，可以理所当然地不必次次起身；而他作为知名企业家，又是男士，为了展现亲和形象，就要次次起身，弄得那顿饭也没吃好。他笑着说："还是你们女士好，不起身不会被批评，可以受到呵护。"

这是柳传志，他重视自己的每次出场、每次转身在世人面前留下的身影。当他出现在公众面前时，应对总是进退得体，媒体形象极其完美！

柳传志最为人乐道的特质是：沉稳、冷静、不出事儿，深信做企业"生存"是第一要务。很多人说：他不只是一个企业家，还是一个商业政治家。这种沉稳练达，在20世纪70年代后成长起来的新一代身上是有些陌生了。于是，同样是谈论改变中国人生活的未来5年，马云能激励起我们寻宝的热望，而柳传志能清醒地提示出我们脚下的暗涌。

一次我采访中科院院长白春礼。在介绍中科院成果时，联想的创业和今日的成功，至今都是中科院说明科研和市场并非两层皮的骄傲。虽然现在的柳传志更像一个企业家，很难让人想起他曾经的科研人身份，但是作为过来人，他深知科研人和创业者的鸿沟。于是他回到老东家中科院，共同发起联想之星，通过创业培训、天使投资、创业联盟等，协助发掘培育科技创业领军人。这也使他从企业家往投资者转身。

现在人们再谈起柳传志，多了一个称呼：投资家。投资，干的就是在当下看见未来。一直试图理解未来的《与卓越同行》不可能绕过这样一个投注未来的商业教父。

对柳传志的约访顺利，但是对如何下题却颇费思量，为了能探究他眼中预见的未来，专访前我们进行了一次预采。节目原本的设想：希望企业家能够谈他对所处行业未来5年的预判！对于已转身为投资家的柳传志而言，他更像是联想控股的战略家。"如果要谈PC（个人计算机）的未来，那该找杨元庆。"柳传志说，"如果是联想控股，可见的未来就是进军农业。"但是对于人们印象中的IT大佬，只谈农业，节目组又觉得不够全面。于是对于这样一位中国民营企业家中的旗帜人物，节目组决定请他谈战略——中国企业家的未来 5 年。

在准备柳传志这个选题时,编导组里是有些争论的。年轻的编导对这样一个被反复谈论、反复咀嚼的企业家有一种天然的叛逆:"他好像总能力挽狂澜","他不犯错,好像总是正确的","他总是那么得体","他太完美","他太稳了"……是的,这个年代让血气方刚的年轻人激动的是乔布斯那样满身瑕疵、锋芒毕现、成王败寇的强人,而不是克己复礼、人情练达的完人。只是,脱离了土壤和环境,单纯比较两颗果实,真的有现实意义吗?

也许我们可以从 1984 年开始思索。这是个充满玩味的数字,对于任何一个对科技商业感兴趣的中国人,它同时意味着两件大事:苹果的 Mac 电脑面世,中国的联想电脑公司在不足 20 平方米的传达室成立。这一年,乔布斯 29 岁,柳传志 40 岁。1984年,乔布斯尚且有个 IBM 老大哥可以去颠覆。而 40 岁的柳传志则要在一个刚刚重新接纳商业的市场摸着石头过河。1984 年,乔布斯要的是用诗人的哲思和艺术家的固执留下传奇,而柳传志式的中国企业家做的是在坚硬的现实面前辗转腾挪,学习如何活下来。于是,在 29 年后,苹果和联想几乎没有什么可比性。但如果要选择,作为生活在中国这片土壤上的中国人,柳传志带领的联想有着更重要的现实意义:生存的逻辑。是的,至少对于上一代的企业家,生存总是第一位的。尤其是在飞速变革中的中国,那需要随时敏感于机会的发生,又随时提防着被机会带动的旋涡吞噬。

那么今天呢?当编导组里的年轻人问"柳传志的意义在哪里?他的联想并没有带来像苹果那样的创新,他的成功对中国进步的价值何在"时,我想中国不一样了,她不再是柳传志成长时的那个中国。这是一个飞速奔跑的国家,她一面骄傲于自己的速度惊人,一面又焦虑于自己的成就离卓越的距离。这个社会一面充满着对未来的憧憬与信心,另一面充斥着对现实的疑惑与焦躁。这让我想起柳传志写的《企业家的责任》:一个企业家的责任就是把企业办好。企业是社会肌体的一部分,倘若社会出现病变，企业又怎么独善其身？柳传志总是这样间接地、隐喻地表达自己的想法。而谁又能说今天我们已经可以远离这些隐喻了呢？

所以对于我们节目组来说，他最吸引我们的，是他经历 30 多年经济改革的风浪，屹立不倒背后的柔软和坚韧，是他对现实的深刻洞察和理解，以及在现实中感知和运作未来的笃定。

我们想知道，柳传志成功的经验、谨慎的生存哲学对满脸都是希望、渴望创新和引领的中国新一代会有什么现实意义。而这，成为我们全部提问的开端。

和柳传志的整场对话长达约 4 小时，但绝无冷场。节目播出后网友的评价更是直接："柳传志做客《与卓越同行》，聊起天来如同胡同里的大爷，亲切、坦率，但谈话间绝不乏企业掌门人的大智慧。"

年近 70 的他，人生阅历丰富。不论任何提问，他总是能在自己的记忆中找出曾有的经验或感悟，使得这场分享像是坐着一辆人生的列车，随着议题攀坡、入谷，高低起伏。

而在我们的眼中，他确实有了"人生七十，从心所欲不逾矩"的领悟：带队中国民营企业家出国，他会领衔替中国男装品牌上 T 台走秀。马云宣布早早"退休"的当晚，许多民营企业家聚会杭州"江南会"，提早退休的过来人柳传志也在其中！

身边的企业家朋友每到这种狂欢时刻，最想干的一件事就是让"老柳"做平常不做的事！"老柳"在民营企业家群中的身份不言而喻：柳传志是跨越年龄辈分可以玩在一起的朋友，也是这个群体里的坚实丰碑。这不在于企业的大小，而在于他做人的分量。

马云退休当晚的朋友聚会上，许多著名企业家登台助兴，新编搞笑版《射雕英雄传》柳传志粉墨登场，他扮演了黄蓉的爸爸黄药师。虽是搞笑演古人，但是询问起女儿会怎么选择伴侣的时候,他仍然一本正经,十足管企业的模样:"质问,给建议,再循循善诱。"

　　当年我其实并不理解他在 56 岁壮年之时退出一线的决定。直到我和他在《与卓越同行》的讲台上,探讨未来 5 年中国第一代民营企业家面临的"接班之局",他有感而发:"1998 年前后,我大概 54 岁,当时白天工作压力大,到了晚上 9 点多、10 点要看书时,已经觉得累了!我就觉得这行当我是干不了了!"

　　柳传志的"退",有"促"接班人"进"之意,也有退出画卷,站在团队之后,随时出手之味。所以早早布局的他,能在《与卓越同行》和我的对答中,胸有成竹地说,"你得让每个企业各自一摊做主人,他们都得哄着我干活,这感觉就对了。"

　　我问他:"现在的你幸福吗?"他不加思索地回答:"我还真看不出来现在谁比我还幸福!"这话从一向谦逊的他口中说出,虽让人有些讶异,但却底气十足。

　　柳传志说,现在的他就想做一个快乐的老头。如今的他,快乐确实自己掌握。今天的柳传志在自己的家庭微信群里,讨论着工作、生活、社会事件,在联想的 7 人嫡系部队群里,运筹帷幄。联想控股就像是柳传志手中的风筝,各自凭风好借力,在空中翱翔。但总有那么一根线,紧紧地揪在他的手中。

　　柳传志的"教父级"地位让人服气。站在《与卓越同行》舞台上的诸位嘉宾,都堪称中国商业顶峰上的人物,每个人的谈吐风格都别具个性、自成一派。柳传志的回答不见得最锋芒毕露、激动人心,但他特有的温和、从容,让人感觉无论是出自高官大夫还是贩夫走卒的问题,他都能用一种最诚恳的姿态倾心相谈。这个姿态就是他的力量,一种在中国无论殿堂之高、江湖之远皆可游刃有余的力量。

开篇

柳传志：各位朋友大家好。

吴小莉：柳总身份比较多，既是科研人员、企业家、创业者，又是投资家，所以我们问您的问题得从多个侧面来问。首先从创业者的身份来问，对您而言，作为创业者，什么是可以放弃的，什么是一定要坚持的？

柳传志：这个创业者的定义咱先说清楚，想创业成功是一回事，创业就为混个饭碗，那就是另外一回事了。你问的是哪种？

吴小莉：想成功的那种。

柳传志：要是想混饭的那种，挣钱是绝对重要的；要是想成功的那种，创业的信念非常重要，把事想明白，然后坚定不移，因为这中间肯定要摸爬滚打，摔很多跟头的。

吴小莉：那在带团队的时候，什么样的人一定要留，什么样的人一定不能用？

柳传志：还是得问清楚，什么叫团队，是你核心领导层的班子叫团队，还是全体员工叫团队？这个团队是指什么？

吴小莉：咱们说的团队就指全体员工吧。

柳传志：联想是这样的：普通的员工，一定要有责任心，一个人做事完全不负责任，这个人坚决不能要；到了中层经理层，除了责任心以外，还希望要有上进心，你得有追求，你想做更大的事，要挣更多的钱，这样部门才能更好发展；到了最高层，除了责任心、上进心以外，还要有事业心，你得把联想的事业当成自己的事业。三心都有的人，这样的人就要拼命留住，而连责任心都没有的人就坚决不要。

吴小莉：再从投资家的身份出发问个问题，什么样的项目可以投资，什么样的项目坚决不能碰？

柳传志：关于这个，我们有句口诀，叫"事为先，人为重"。事就是指这个项目当前的状况，人就是指实际投给的这位企业家本人或是这个管理团队的核心人物和小班子，当然主要是核心人物。要是这两个条件都合适了，我们就坚决投了，想尽办法地去投。什么东西不能碰，违反了道德底线和法律底线的就不能碰。

吴小莉：你觉得未来5年中国的企业家会面临什么样的环境？

柳传志：多变的环境。国际上政治经济形势的变化，咱们国家新一届领导为了深化改革出台新的政策法规，以及高新技术的发展等，都会引起环境的变化。

吴小莉：您的一句话总结是：未来5年中国企业将面临巨大的不确定性。能否用简短的时间告诉我们，未来中国企业将面临哪些不确定性？

柳传志： 好。未来 5 年，整个世界大概也不会那么安定。国际上的政治经济形势我想肯定是不确定的，现在美国的经济好像是在向好发展，比较稳定，但是还有诸多的不确定因素。而咱们国家，法律、法规、政策等，对经济形势的影响格外大。新一届的领导，有宏图大志，大家都对他们抱有很高的期盼，未来将会怎么样，这个不确定性也有。有时候我们想得很好，但是否真能做到，这也是问题，是企业必须要考虑的。还有科技的发展，这也属于不确定性；是否有强有力的竞争对手出现，也属于不确定性……这都是我们需要考虑的。

吴小莉： 柳总告诉了我们未来企业将面临的很多不确定性，也列举了一些，此外还有哪些不确定性呢？

柳传志： 像国际形势、科技发展等都已算在这里面。对企业本身而言，接班人问题不算是不确定性，这是必然会存在的。像由于人口红利结束而出现招工难这种问题就属于不确定性，因为它不一定会发生，发生了形势也可能会变好。

　　1200 平方米的演播厅满满当当。为了照顾舞台美感，嘉宾出场的过道是个蜿蜒的高台，阴暗而且没有扶手。录制准备中，我们反复强调，牺牲掉开场效果、现场节奏，也一定要柳总慢慢走出来。但当我在舞台上请出柳传志时，这位民企教父的出场棒极了！他走得不快，但很稳。一路向现场的观众挥手致意，你感觉他只是轻松寒暄，但声音却出奇的洪亮清晰。他有种特殊的气场：不露锋芒，不显山水，却有一种不容忽视的淡定。

欧美经济蕴藏商机

吴小莉： 刚才列举的那么多的不确定性，我们所有人，特别是自己创业的人，可能都会遇到。那么，在您的经验当中，如果遇到这样的问题该怎样面对它、解决它？

柳传志： 以我们国家的变化为例，改革开放以前，完全是以阶级斗争为中心；改革开放以后，就完全以经济建设为中心。咱们以前走的完全是计划经济的路，现在改走市场经济的路，这实际有着巨大的变化，且这种变化正在逐渐完善。这种变化带来的影响是很深远的。

吴小莉： 所以要迎着这样的变化顺势而为，企业家要有更多的智慧和长远的眼光。

柳传志： 是的。

导读：

2008 年，源发美国的金融危机，让全世界都感到了寒意——雷曼兄弟倒下；花旗银行深陷泥潭；欧洲国家主权债务缠身。远在大洋彼岸的中国也未能幸免——贸易顺差一路颠簸，甚至还曾出现过逆差；风暴之下的中国企业冷暖不一，传统代工日子越来越难过，全球最大玩具代工商合俊集团在风暴里遭受重挫。而另一批中国大型企业却尝试走向海外——三一集团着眼于美国的风电；中海油目标为加拿大的尼克森；吉利汽车一口吞下沃尔沃。到了 2013 年一季度，欧洲的各种经济指标依然低迷，甚至传言英国打算离开欧盟；而美国人却意外地发现财政出现盈余，道琼斯指数和美元作伴也一路飘扬。

未来5年的国际经济走势到底如何？中国企业究竟该紧缩还是趁机扩张？一切都如雾里的那朵花，迷人而又充满风险。

吴小莉：现在中国很多企业，譬如联想集团都处于国际化进程中，的确受国际经济形势的深刻影响。有人说现在是美国日出，欧盟雨，您怎么看？全球经济复苏了吗？会怎么复苏法？

柳传志：我是听几个经济学家讲的，他们都认为美国经济复苏基本已成定局，他们谈这个话的时间，大概是在半年以前了，后来果然是这样。美国的总体形势比较好，还有人说现在要买房子不如到美国去买，现在美国的房子是属于比较便宜的时候。而欧盟的状况就弄不太明白了，这些学者们都说欧盟的情况会比较麻烦。因为欧盟虽然作为一个共同体，但各国的财政都有各国自己的主意，货币是统一的，实际上却很难合在一起，再加上福利主义，这些问题都很难在现有的框架下解决。欧盟的形势还是比较严峻，怎么解决？这不是我们能控制的，而其中蕴藏的机会，才是我们应该研究的。

企业扩张也要深思熟虑

吴小莉：现在到美国买房子，有种抄底的感觉。这个时候是不是适合到海外去做积极的扩张？还是要谨慎保守？

柳传志：以中国人的眼光来看，此刻去购买国外的资产的确非常便宜。便宜到什么程度，就不再具体说了。关键是买回来用在哪儿？你是买它的技术、买它的管理、买它的品牌，还是别的什么？这个品牌到底是在中国用还是在海外用，事先就要考虑清楚。另外买回来以后能不能整合到一起，整合不到一起就是包袱，会把原有的企业拖死。这些在购买之前都要想得很清楚，弄得很明白才行。

吴小莉： 对于现在到海外去买资产，您已经研究了一段时间，但是还没有下手？

柳传志： 有的已经下手，只是没到宣布的时候。凡是外头听见说买了什么的消息肯定是不正确的，只要让人知道了我买什么，那肯定就买不成了。联想在并购 IBM PC 业务的时候，谈判了整整一年，这一年中没有外人知道，外人都是到宣布那天才知道。但人家会问我们买哪家公司，标准答案是，我们完全可能买，也完全可能不买。

吴小莉： 柳总也是滴水不漏的人。刚才柳总说了非常关键的话，买东西之前要研究，有些研究了一年可能才下手，之后就得要快、准、狠。在企业中，您就是船长。虽然现在国际形势还不明朗，但也是东西相对便宜的时候。您也提到了，联想是出过海的，而且出海了以后碰到了金融风暴，我们现在回过头看，当时有什么样的经验和教训，是可以和我们分享的？

柳传志： 最值得说的话，就是在动手前要想得比较清楚。怎么说呢？购买 IBM PC 业务的时候，比较积极的应该是管理层，就是杨元庆他们。他们认为如果再不向外推进的话，联想未来将会是家平庸的企业，这话说得一点儿没错。但是最积极鼓励我买的是谁？是我的两个顾问，一个是麦肯锡，一个是高盛。当时，大概是这么跟麦肯锡他们谈的，就是 1 月份到 4 月份免费帮我们咨询，4

月份以后由我们自己决定，然后付钱再咨询，所以他们都建议我买。4月份的时候，我们开了董事会，开会的时候除了我中立以外，所有董事全是否定。因为风险太大，不成功的可能性，当时他们都认为超过了七八成。这种情况下，杨元庆要求直接再和董事会对一次话，表一下他们的决心和他们对问题的考虑。其实那时候董事会成员主要听我的意见，而我做的决定是，继续请麦肯锡和高盛做顾问，我们付费，但是买不买暂时不做定论。是什么让我们最后下了决心？在购买、谈判的过程当中我们接触了大量IBM PC业务的管理层员工，发现他们对行业的理解，我们全懂，而且我们可能比他们理解得更深刻。大家都知道，联想集团是在中国发展起来的，1994年，外国企业进来的时候，我们跟人家比好比是小舢板与大军舰，比人家差了很多。我们是通过这些年不断打拼出来的，对行业本身认识还是比较深刻的，关键就是出了国以后这些东西能不能用我们不清楚。所以当他们谈的东西我们觉得能理解，而且能掌握的时候，我下了决心。

之后我们又分析了几个风险。一是买不买品牌，如果买了以后外国人不认这个品牌了，说你中国人买了ThinkPad以后，那就不是ThinkPad了，人家不买了怎么办。二是文化磨合的风险。不同的人来自不同的公司、不同的国度，怎么在一块儿工作、互相配合？你看国内，中国人的企业并购以后，都还很难融合呢，更何况是跨国企业间。

基本上有了应对，想得比较明白之后，我们才下决心买了下来。只有出海以前把买了它干什么、能不能达到目的、有哪些事需要做好准备等都想清楚，才不会被动。虽然并购以后有些事超出了我们的预计，但总体上还是在框架内的。

吴小莉： 超出预计的部分是什么？

柳传志： 我们买 IBM PC 业务的时候，IBM 提了一个要求，就是他们指定的 CEO 不能换。我们买了公司，凭什么我们不能换 CEO？当时 IBM 就说，你们若要换我们就不卖给你，我们卖给别人。这时候我才意识到，原来大公司里也是有办公室政治的。但人家还有一句，买回来以后，你们自己的经营调整，我们并没有意见。在我们的董事会里有几个美国 PE 界的大佬，更换第一个 CEO 的时候，没有产生中国人和美国人之间的对抗，是董事会的一致意见。如果仅是中国人提出换的话，马上就会产生问题——IBM 员工会觉得是不是因为是美国人，所以才被换的。换的第二个 CEO 是一个性格很强硬的原戴尔的高级副总，结果他和董事长杨元庆之间对业务怎么开展有了不同意见的碰撞。碰撞处理得不好就会造成美国人和中国人之间的碰撞、公司与公司或者宗派间的碰撞，到那时企业就会万劫不复了。这个问题在我们预料之中，也有超出我们预料的。

吴小莉： 之后又碰到了金融海啸，造成了大额的亏损。

柳传志： 其实金融海啸本身只是导火索而已，没有这个导火索，别的导火索也会引爆它。把上述问题一解决，一年多后利润马上多了起来，当时金融海啸还没有过去，所以金融海啸只是导火索而已。

吴小莉： 我很敬佩您的一点，是当时您重掌大印，曾经说过一年后再来看！是不是就看准了问题出在这儿，所以您觉得有机会一年就搞定它？

柳传志： 我们掌握着一种双业务模式，大客户业务我们可以做，零售类业务也可以做，其他企业没有这种创新业务模式。其实在杨元庆当董事长的时候，我们已经观察这个国际业务 3 年了，我的工作是怎么能让杨元庆很好地把班子组织起来，有一个核心价值观让企业文化能统一起来。

吴小莉： 我们的嘉宾团成员对企业在海外抄底并购有一些他们自己的想法。

申　音： 在外界看来，联想收购 IBM PC 业务是非常大胆的、勇敢的国际化举动，也为中国企业的国际化形象提升了很多。但是换一个角度去看，联想买 IBM PC 业务，买的到底是资产、品牌还是未来？如今 PC 这个产业大家都看得很清楚，巅峰期已经过去了，未来可能是在智能手机，在平板电脑，在很多新的领域。如果联想去收购其他领域的、代表未来的高技术公司，也许会让我们看到一个不一样的联想。我们其实特别期待联想在国际化方面能给大家提供一些新的榜样。看吉利收购沃尔沃，我们很多中国的企业都是把国外很成熟的品牌、很成熟的企业，把那些"没落的贵族"给收购过来；而美国企业，比如谷歌、苹果，它们收购的都是那些非常年轻有朝气的企业，那些企业未来可能迸发出巨大的能量。希望联想在接下来的收购案中能够为我们树立这样的标杆。

柳传志： 作为企业掌门人首要得考虑的是企业如何活下去。答案就是得把碗里的饭吃到嘴巴里，之后再去做好锅里的饭。那么，我们碗里的饭是什么呢？PC 业务就是我们碗里的饭，要是碗里的饭都没有吃好，拿什么发展新业务？现在我们做的就是把碗里的饭吃到嘴里。那我们预备锅里的饭是什么呢？你一定也注意到了，联想在并购 IBM PC 业务以前，把很多多元化的业务砍了，唯一留了一个手机业务，就是估计到手机业务和 PC 业务将有结合的可能。如今，我们已是中国智能手机领域的第二名了，如果不是前面有做锅里饭的准备，就不可能有今天的成绩。

高科技公司的麻烦在哪儿？就是人人都想领跑，但是只有一家在领跑。你要是跟呢，还有可能不会死，领跑的话，领错了就会死。当我们想领跑的时候，要对自己的势能有充分估计，然后再往前看，要把定战略这套东西研究得比较透。只有当杨元庆兜儿里的钱越来越多的时候，出手才会越来越大方，才会像你说的买更靠前的公司，此刻他还是以他的想法做为好。

吴小莉： 刚才申音说话的时候我看到何刚在点头。

何　刚： PC 业从产业趋势上讲，处于走下坡路的状态，甚至有人已经管它叫夕阳产业。从全球的出货量来讲，处于衰退之中，行业的整合是必然的。但这个行业既然还有利可图，通过规模可以实现更大的增长，为什么不做呢？刚才申音说的，着眼和投资新的行业是极有前途的。但是我相信到那个时候，联想也会想起 2000 年前后 FM365（联想打造的门户网站）这个不大不小的教训。浪潮不是你想拥抱就能拥抱的，要用恰当的方式，否则容易摔倒爬不起来，好不容易起身，发现别人已经跑得很远了，结果只能是顾此失彼。

吴小莉： 柳总怎么看恰当的方式和时机？

柳传志： PC 这个行业很有意思，我们以前的竞争对手应该是戴尔和惠普，今后我们的对手可能是谁呢？苹果或者三星，我们把平板电脑、智能手机也看成是 PC 的一个部分，这是 PC＋的时代。死守着原来的 PC 只能是"夕阳红"，要是抢在前面，做智能电视等，还是大有可为的。如此联想就有可能不勉强地

　　"如果有机会,还想做民营企业家吗？"同学问。

　　他想都不想就说:"我还是做民营企业家吧,因为我拥有一亩三分地可以好好耕耘！你不让我做的我就不做,你让我做的我就全力去做！"

跟随了，可以跟某一家合作，产生出新的思想火花。像做 FM365 的时候，实际是以事业部的方式，杨元庆要管 PC 的研究和生产，还要管 FM365，这两者完全不是一回事，他的精力怎么顾得过来呢？所以 FM365 就失败了。如果当时换一种组织形式，比如把它独立出去变成子公司也许它就活了。如今，杨元庆专门做 PC 业务，做 IT 行业，他就是这方面的专家。而朱立南、赵令欢管投资，他们是投资方面的专家，每个人各有专攻，所以组织形式对能不能多元化还是有着非常重要的决定作用的。

用人文关怀拢住人才

吴小莉：下一个话题，谈谈企业面临的用工难问题。传统的劳动密集型产业用工荒，这几年非常凸显。柳总非常幸运，联想当时做制造的时候，刚好处于农村的剩余劳动力向外转移的好时期，但是您经营企业这么多年，不知道期间是否也遇到过招工难的问题，您是怎么样去应对的呢？

柳传志：联想始终比较幸运，不太有这个问题。今天的联想为什么不会有这个问题呢？我想大家找工作无非关注这几条：第一是自己付出的劳动和得到的待遇，精神的和物质的是否相匹配；第二是，公司是不是有一个好的运转体系，同事之间是不是相处得很好，企业文化是不是很合适；要求再高点，企业本身是不是有好的声誉，它的发展前景怎么样。联想现在想要挑比较好的人，我们算过账，在用工上多付的钱，一年就要多付一两千万，这些钱也不算多，但就有了资格、能力去挑人。而且我们喜欢挑"半成品"。很成熟的、在行业里特别冒尖的，因为他经验很丰富，他和我们的文化未必能相融，而且价码也可能会非常高；而"半成品"拥有了一定的经验，但还需要再磨炼，到我们这里来，能够很好地跟我们的核心价值观、文化磨合到一起，再培养几年，他就会是一个忠诚度很高的员工。同时，对"半成品"而言，我们的工资待遇肯定要比同行明显高一截，这也是我们定下来的原则。

另外，我们也会多招一些应届生，作为战略储备。当年赵令欢办弘毅投资的时候，他说在美国，做投资管理基金的公司，人都是很少的，为什么少呢？因为管理费就这么多，人多了钱就摊薄了，但是我坚决希望他们人要多一点。当时基金盘子很小，才 3700 万美元，完全是我们出的钱，我宁愿借给他管理费，让他多招点人，工资高一点，把这些人全"存"起来。现在赵令欢管着460 亿元人民币的钱，他需要很多领军人才，这些人都是当年培养起来的，由此可见人才储备还是很重要的。

至于说困难，最困难的时期是我刚出来创业的时候，那时候确实是公司穷，没钱儿，唯一的办法就是老板多干少得，你做好榜样，人家就跟着你干，只能是这样。慢慢企业发展壮大以后，你就想尽办法，让激励公平。物质激励和精神激励夹杂在一起，这样就可以解决这个问题了。

吴小莉：柳总说他很幸运，出来创业基本上没遇上招工困难，主要是初期的时候，因为企业太小，资金不够。我们现在这里有一位企业家，他的企业其实已经不是创业初期了，资金也不是不够，但他还是遇到了招工难的问题，他就是刘俊山。

刘俊山：柳总，你好！刚才你说企业要对工人大方一点，工资多给一些，这没问题，我也赞同。我统计了一下，我们工厂去年（2012）工人月工资平均增长了30%，相对来说也就是一个工人每个月能拿到四五千块钱，已经算很高了。可是由于劳动密集型产业的集聚化现象，大家都在同一个地方生产，于是面临着挖工人、抢工人的问题，而且好不容易把工人培训好，很轻易就会被挖走。在这种情况下，像我们这类利润非常微薄的企业又无法承担太高的工资支出，还得面临中国人口红利会在未来结束的不确定性，该如何处理这个问题呢？

柳传志：我觉得，你得先看在这个行业里，有没有办法找到更大的利润点。比如说能不能形成品牌，出一些新型的产品，然后把毛利提高，在这方面我们要尽最大努力去挖掘。

1996 年、1997 年的时候，联想跟其他几个国产品牌同方、方正之类都差不多，当时的毛利率都是 14%。后来它们都往下掉了，掉到 13%、12%，但是我们这儿没掉，为什么呢？我们发现，核心技术上的投资，比如说像 CPU 芯片，我们投不起，但是如果把成熟的技术用在产品上，适合了市场的需要，就能保证毛利。我给你举个例子，1998 年、1999 年，当时互联网已经有了，但老百姓很少上网，因为上网是件很麻烦的事。那时候的台式机要上网，得先打开盖，加一个卡，还得装软件，并且要到电信机关去登记。谁会去做？这么复杂！

于是我们开发了一款电脑，加了一键上网功能，技术其实并不难，难的是怎么跟电信机构打通路子。但这件事做成了以后，电脑价钱马上就提高了，一下子把竞争对手甩到身后去了。后来又提供了一键恢复功能，就是系统乱了，按一个键就能恢复，也不是特别难的技术。但是因为这个功能客户特别需要，所以电脑毛利始终保持在一个高位上。

假定这个不行的话，还可以在什么地方想办法呢？在人文关怀上。20 世纪90年代初的时候，外国企业工资挺高，工资人家比我们高两倍多，但是还是联想能留住人，这是为什么呢？因为那些企业让员工觉得心里没根儿，连个档案也没有，没能真正为员工着想。我在1989年的时候办过一个养猪厂。因为1989年前后，物价涨得非常厉害，涨了20%多还往上涨，主要是食品价格在涨。我这个岁数的人对挨饿害怕得很，所以赶紧找一个同事在山东聊城办了个养猪厂，万一要不行了，咱自个儿员工还有肉吃。除了这以外，在1992年前后，老联想员工还有分房指标，但是像杨元庆他们这批1988年后招的，完全没有指标了，可都是二十八九岁的人了，也该娶媳妇了。于是联想最先跟建行研究了按揭买房形式，由员工付首付，企业替员工担保贷款买房。这些行为让员工觉着这儿就是他的归宿，企业给他管到底、建档案、认真地对待每个人，这些也多少可以弥补工资少的短板，不过这得真的是对员工的关怀。

吴小莉：柳总讲了很多他的经历，怎么办公司、怎么待人、怎么管人、管住心，也讲了未来的趋势。刚才我们谈到了劳动力供求的变化，针对劳动密集型企业的招工难问题，有人分析说这预示着我国人口红利的结束，刘易斯拐点出现了。对此，人口与劳动经济研究专家赵文，你怎么看？

赵　文：联想集团所处的行业决定了企业对工资上涨不敏感，对此柳总不敏感，但刘总敏感得很，因为他的企业是典型的劳动密集型产业。微观上我们说招工难，宏观上我们则称之为人口红利的消失，因为会伴随着经济增长速度的下降，所以大家都很关心。人口红利的消失，必然对各个行业都会产生影响，有大有小而已。其实这种情况10年以前就出现苗头了，2003年、2004年前后，全国普遍都出现了招工难。经济学中有个刘易斯拐点，拐点之前农村有剩余劳动力，只要企业一个月肯出 600、800 块钱，就可以雇得到人，只要雇得到人，你赚的钱都是自己的，你把这个钱拿出来继续投资建厂还能招得到人，所以你的利润和你的投资是成比例增长，企业家的日子很好过。2003 年以后，最想出来的农民工和最适合出来的农民工都已经出来了，所以从这个时候起工资开始上涨，企业家开始叫苦。10 年之后，其实我们的经济增长速度并没有下来，但是之前的格局已经不复存在了。今年 (2013) 年初，国家统计局发布数据说中国劳动年龄人口绝对数量开始下降，年轻人绝对数变少了，以后只会越来越少。所以首当其冲的，劳动密集型企业感觉很疼。但是像联想集团这样的高科技企业，它就感觉不疼。在这样的一个格局下，中国就拥有了很明确的产业升级的动力，我相信刘总一定想把企业也做成柳总那样的。

柳传志：我觉得你是以诸多要素中的一个为中心在谈问题。就我说啊，这里面还有缓。什么叫有缓呢？在咱们国家，男士 60 岁退休，但今天的 60 岁，是过去的 60 岁没法比的。我今年 69 岁了，要在过去就算古稀之年了，可我现在还在这里大着嗓子嚷嚷，跟你喊。人的状况不同了。咱们现在用的工，比如饭店里的服务员全是要年轻漂亮的小姑娘，可那活三四十岁的不也能做吗？实际上在我们国家还窝着一部分人，他们的能力并没有完全发挥出来。因此在我看来，调动他们的积极性，怎么让他们干好活，更重要一些。

吴小莉：您很有名的一句话，管理三要素：建班子、定战略、带队伍。带队伍是您管理思想中很重要的一部分，我很想知道，在联想，大家都很尊敬您，也很爱护您，那他们怕您吗？

柳传志：怕还是怕的。

吴小莉： 我私下问他们的时候，他们告诉我说，不怕吧。

柳传志： 那都是平常接触多的，大部分接触少的员工还是怕的。20世纪90年代初的时候，也就是自1984年创业开始的头10年，我的脾气还是挺大的，所谓脾气大就是会发脾气。当时我在第一线做事，心里确实急，每年都有要死要活的事。后来我坚决不发脾气。为什么？下面有一个年轻的同事，他跟他下属说，柳总为什么有魅力，因为他能发脾气。这话叫我知道了，我想我坚决不发脾气了，因为它变成了发脾气的理论基础，一层一层往下发脾气，空气就会变得很干燥。谁会愿意被骂？我觉得骂得挺有道理，可别人会觉得其实没道理。于是在联想有一句话：有话要好好说。

另外，我最不爱听拍马屁的话，因为办企业，跟军队一样得求实，如果拣我爱听的说，还能弄成事吗？所以"有话要好好说"之外，还有一句：有话直说。

光有话好好说、有话直说还不行，还得保证企业的规章制度一定公平、公正。这么一来，即使某些地方严厉，大家也都不会有意见。

吴小莉： 您曾经说过，管理好企业，其实要先管理好自己，以身作则！

柳传志： 对，以身作则确实是最重要的。我们这个班子里面，原来几个头，男的全是抽烟的，后来遇到什么问题了呢？我抽了18年烟，从来抽的都是两毛钱一盒的，倒让朋友抽好点，抽三毛多钱一盒的。那时候人和人之间谈生意，没有喝酒这么一说，递支烟，马上感情就近了很多。于是问题产生了，递什么烟呢？好点的烟吧，买不起。而且这烟钱又难算得清楚。后来我干脆一狠心：咱们几个领导把烟戒了！就从那时开始到今天，我再没抽过一支烟。话说如今

吴小莉

我最大的遗憾就是抽了 18 年的烟,一支好烟都没抽过,有点冤! 可这就给员工一个好的感觉,让他明白了什么能动,什么不能动。

吴小莉: 即使刚创业的时候,人还很少时也要做到规范,而且要以身作则。

柳传志: 一视同仁,以身作则。你千万不能对人家一个样,对你要好的朋友另外一个样。我有一个非常好的朋友,好到什么程度呢? 我俩单位在计算所,我的家在美术馆附近,我这朋友住在鼓楼一带,于是两个人经常早晨约好一起骑车上班;在 1976 年以前,我俩能在一块儿议论政治问题,敢骂江青;我家盖个小厨房,偷块砖头他都帮忙。后来,他跟我一块儿办公司了,但是办公司的时候,他的理念跟我不一样。他想办一个比较小点的公司,自个儿能赚点钱就可以,因此进口元器件的时候有猫腻。这被我发现了以后也没客气,把他的经理职位给撤了,不久他也就离开了公司。为了这事,我心里挺不舒服的,因为这个人当时真的是朋友,就为这得罪了他。

其实如果后来他知道我一贯这么做,他未必会那样干。

胡萝卜加大棒进军农业

吴小莉: 接下来我们谈谈农业的话题。您曾提到过农业是一个热点,农产品未来的价格可能会上升,刚才我们现场有好多朋友告诉我,他们今天过来很重要的一个原因就是要听您讲农业。现代化农业究竟怎样发展,为什么您选了农业?

柳传志: 联想在 2000 年的时候进行过一次分拆,把原来的业务分成两块:一块做自制产品，由杨元庆领导；一块做代理产品，由郭为领导。我自己从第一线撤了出来。原因有两个：第一，IT行业的确要靠年轻人，那时候我白天压力大，到了晚上9、10点钟看书，已经觉得累了。后来有一次跟他们谈，问他们大概什么时候看书，他们说大概10点钟以后，顿时我觉得这行当我是干不了了。于是就有了一个想法，希望他们能够早日上来做CEO。第二，我觉得高科技企业的风险还是很大的，后来的事实证明确实这样。联想并购IBM PC业务的时候，是29亿美元的营业额，今天大概是340亿美元，如果不并购IBM PC业务，今天的联想将会是很平庸的企业，连存在不存在都很难讲。但并购的风险也确实很大，真的是九死一生，因此如果我的鸡蛋没装在一个篮子里面，情况肯定好很多。在当时，工商管理界主流的理念认为：要专注，专注，再专注。我花了不少时间研究为什么要专注，不专注吃亏在什么地方。如果我又管电子行业，还要管投资，管房地产，管农业，管其他的，那企业肯定做不好。所以，杨元庆就做杨元庆的事，郭为就做郭为的事，我做一个投资控股公司，这总可以了吧！于是在他们二位做电子行业的时候，我领着朱立南准备进入VC(风险投资)行业。当时选VC行业的原因在于，我是从中关村出来的，一个小企业做大需要什么，除了钱以外怎么帮他们，这些东西我更懂一些。

后来研究了一番，就开始了，做了三年以后，认为打好了基础，就更进一步开始进入PE（私募股权基金）行业，属于更大规模的投资。10年下来，在中国做到了领先的地位，做得相当的不错，给我们提供了大量的资金。另外，房地产行业做得也不错。联想有个愿景：以产业报国为己任。钱挣到了以后，我们还是想做实业，为此设立了一个中期目标，就是想在2014年—2016年之间，能够整体上市。不仅是杨元庆领导的这个公司，包括房地产公司和我们新成立的业务，还有我们的投资业务，作为一个整体上市。那么我们做什么新业务呢？这里又要反复研究了，研究的结果是做尽量少受外界形势影响的业务。

还有一个就是我们希望做又好吃又好看的业务。好吃还要有利润，好看就是有很好的社会影响，于是农业便成了我们锁定的一个重要目标。

不管遇到什么大的经济风波，大家都得吃东西，所以农业这业务实际是稳定的，关键就在于怎么能做到既有利润，还能够给社会带来安全放心的食品，让老百姓满意。我们研究了以后，觉得这里边有一个很关键的因素，就是国家的政策。政策要是放宽了、改变了，我们就敢走。能不能把小农户变成大的合作社或者土地能流转，实际是一个根本性问题。而且一户农民家里养一头牛，那就是赔钱，养到20多头牛的时候基本开始有钱赚，一户家里就这么大一块草地，肯定饲养不了。另外还有冷链的问题，运输、食品加工，一直到销售，任何一个环节出问题，这个食品就安全不了。

而我们觉得，这些事我们自己能做好。其实就食品而言，不要说白领阶层，只要是条件还可以的，都愿意付出一定的溢价来买安全食品。如果我们做得认真，再加上联想今天的品牌基础，就这么做，好好宣传下去，一定会形成一个农业品牌，有了品牌就有了溢价，有了溢价利润就来了。

我们也研究了，想做这行还必须要有几个条件。第一，要有一个非常有能力的领军人物。除了种植、养殖以外，运输、销售、市场营销，样样都涉及，所以领军人物必须是一个真正懂企业管理的人，做第一把手的好材料，且未必一定是农业专家。

第二，投资量不小，但是不能心急。不要一二十亿一起下去，也不要求两三年就有利润，而要把每件事都做得扎扎实实。真能这么做，它就会起来，让它成为我们的后发力量，这样布局好了以后，就没什么大问题。

因此在我们的部署中，最主要的就是把人找到。最后历经千辛万苦找到了一个我们认为最合适的人，名字叫陈绍鹏。他是杨元庆的重要副手，农民出身，而且他自己也很想独立从头闯。陈绍鹏现在的布局就是从水果类做起，这是我们做农业的初衷。

到目前为止，我们认为陈绍鹏所做的一切都是非常出色的，所以对这件事非常有底气，说话也才这么大声。

吴小莉：土地流转其实是相当困难的，您怎么看土地流转的问题，怎么克服它？

柳传志：我们在水果业里边已经开始布局了，选了两三种水果，分布在两三个省份，大概都是几万亩的土地，全是种一样的东西，没有任何问题。

吴小莉：刘永好他们有一年想要流转几万亩地，特别困难，要一家一户去谈判。

柳传志：这要看你选什么地方了。咱们国家各地方的情况都不一样，所以可以先调查研究，弄清楚在哪儿做会受到当地政府的欢迎。我们最后是，当地政府除了鼓励我们做以外，还给了我们生产加工的基地，以及很多优惠条件。

吴小莉：何学功长期在研究农业，对于土地流转的问题，他有自己的想法。

何学功：我非常尊重柳传志先生，他是社会责任感非常强的一个人，他的企业也是这样。通过刚才柳传志先生的话，我发现他特别适合在中国做事。为什么这么说呢？他确实说到了一个点上，就是在中国不同的地方做不同的事情。中国土地问题确实非常复杂，刚才柳传志先生说政府非常支持他，给了他大片的地。这样的地有没有？有。在我们国家有很多地方，还有很多后备耕地资源可以改良；还有不在国家基本农田范畴之内的，比如说林间地；还有一些目前仍然是部队手里边的农场、牧场；还有一些大规模的以前建得非常好的劳改农场；还有一些仍然保持着很多耕地资源，并没有完全利用好的，而且自身没有开发能力的国营的农场、牧场。工商企业要优先和它们结合，获得更高的生产效率，获得更高的农业产出总量，获得更好的食品，这样的地方是首选。

柳传志：这些土地有没有基本数据，成为农场的，或者是没有在农民手里边的，就是可以集中使用的土地，分散在各个省、各个地区的大概有多少万亩？

何学功：详细的总数没有。不过这种后备耕地资源国家是有数据统计的，应该不足两亿亩。比如说在云南，现在有很多荒山资源，它的土壤层的厚度，基本上在五六米这个样子，而且从来没有耕种过，这样的土壤是非常好的。

吴小莉：您觉得哪些土地适合您做大规模？

柳传志：就这个问题我有两点思考。第一就是这些土地给像联想这样的公司做农业的话，足够足够用了。

第二就是可能在有些地方，如果合作社组织得好，这种形式也是可以用的，风险在于到底合作社能不能真正地管理到像你的要求那么严格，出的产品会不会有问题。

何学功：这是最担心的地方。因为在我国现行的法律体系和政策规定之下，农村的金融系统尚不健全，所以农民即使搞起合作社，他获得的金融支持也是不够用的。他必须和大型的工商企业对接，或者和互补性的专业合作组织进行对接，但是这个市场环境不成熟。这样的专业合作社本身发育的土壤就不好，而且从我调研的情况来看，完完全全能够在市场当中靠独立运作生存下来的专业合作社，规模特别有限，绝大多数的专业合作社是应政府的要求，靠获得各种补贴项目生存下来的。

吴小莉： 就像柳总您刚刚也讲了，您现在看起来都是跟政府打交道比较多，跟农民没有打太多的交道。

柳传志： 其实跟农民打交道是最困难的，也是比较容易的。1965 年，我在军事院校的时候，搞过社会主义教育运动，跟农民同吃同住同劳动，所以知道农民要不好好管起来，那是最不好管的。那时候我在陕西，晚上 7 点钟叫老乡开会，结果一个人也不来，等我再去叫人，人家吹灯睡觉了，农民说不理你就不理你。不过我想试试，如果真的有很好的激励方式，也有很严格的管理方式，使得农民聚成一个真正的组织，有大棒又有胡萝卜，两方面都是很认真地在做，没准儿可以。只是我现在没敢尝试。关键是这个胡萝卜以怎样的方式给，肯定不能一次性买断，不然以后他会来找你闹的。人家是弱势群体，你于心不忍，政府也不向着你，所以你要把他的利益和企业的某些利益捆绑在一块儿。这得好好研究，我觉得既然要做就做好一点。

吴小莉： 那大棒是什么？

柳传志： 制度。我听周其仁讲过，他在日本考察的时候，住在日本农民家里面，女主人把不应该挤的奶挤到了奶桶里边，结果男主人非常生气，对她凶得不得了。后来才知道那里的 20 家农户是捆在一块儿的，收购的时候，如果测出有毛病，20 家的奶全不能用，所以他们就特别认真，特别较劲。

如果有足够好的方案，胡萝卜在前，一定要有，没有利益他们怎么愿意做，但同时把规矩定死，之后逐渐加入文化性质的东西。我觉得就是要小心往长了做，不是不可以。今天咱们公信力很差，那是现在，以前曾经很强过的。

吴小莉： 提到跟农民打交道，我们现场有一个也是农民出身、现在做现代化环保农业的嘉宾孙民宽。民宽有很多跟一线农民打交道的经验，胡萝卜、大棒都有用上吗？您也分享一下，您是怎么样跟农民打交道的，有遇到什么吗？

孙民宽： 柳总你好，我是一名创业者，在社区开连锁菜店的 6 年创业工作中经常和农村打交道，期间有成功也有失败。讲一下失败的经验，我们放养肉鸡，农民出人工，我们负责鸡苗、饲料、疫苗、回收，我们签订一个价格，比如 5 块钱 1 斤，按照我们的要求生产，农民每斤可以赚一两块钱。一个月以后，鸡可以出栏了，可是如果当时市场价格比较高，一下子高到每斤 6 块钱，农民的信用就会出现问题。他可能养了我们 2000 只鸡，他就会把 1000 只卖给市场，另外 1000 只卖给我们；如果出现风险了，市场价一下子跌到 4 块钱 1 斤，我们还是得按 5 块钱去收。这问题很难解决，让我们差点倒闭。成功的经验也有，就是刚才您说的，不要和单个的农民合作，一定要和一个组织合作，什么种植合作社、养殖合作社等，由镇政府担保，和镇政府签订回收协议，这么做风险会降低。当时我们和养鸡的合作社合作：我们帮他们卖鸡蛋，别人收鸡蛋 2.7 块 1 斤，我们就收 2.9 块 1 斤，这样农民和我们合作激情非常高，这就是胡萝卜。如果他们不用我们的饲料，不严格按我们的流程生产鸡蛋，那我们就不收他们的鸡蛋。这个模式我们是做成功了的。

在农业生产过程当中会遇到很多问题，需要我们去解决，当然也有很多风险要承担。我有几点感悟和大家分享一下。第一点是技术培训，养了20年猪的人不一定会养猪；第二点是农业的生产投入成本不测性非常高，比如玉米该收成了，一场冰雹下来就可以全军覆没；第三点是从事农业生产信息一定要畅通，别到时候猪肉生产出来了，价格降下去了，不养猪的时候，价格又上去了。把信息流和农业生产结合到一起，这一点非常难。做好了就可帮农民多赚钱，这样农民才会死心塌地地跟着你。

还有一点是关于农产品的流通问题，如果能解决农产品的销路难问题，其他问题都会迎刃而解。

柳传志： 那我介绍你和陈绍鹏认识，一会儿我就和您互相交换一下联系方式。

吴小莉： 大家好像对于联想这家企业进入农业非常期待，希望它能打通一些环节，可以有更好的突破。

何　刚： 其实联想做农业跟任何一个其他有资金有管理能力的企业做农业类似，虽然其过去的行业经验和资源渠道可能用不上，但联想进军农业背后有其合理性。我注意到联想刚进入的农业，包括以前进入的行业都是竞争还不充分、市场机会巨大，甚至可以说有一定的粗放程度。目前，我国中高收入人群对于安全食品有着强烈的需求，从消费升级的角度来讲，农业是一个最有前景和最具潜力的行业。过程可能会是曲折的，但这个巨大的蓝海会使联想更成功！

柳传志和吴小莉

尽早培养接班人，从旁指导

导读：

　　诸臣视朕如驾车之马，纵至背疮足瘸，不能拽载，仍加鞭策，以为尔即踣毙，必有更换者，惟从旁笑视，竟无一人怜恤，俾其更换休息者也。

——《康熙起居注》

吴小莉：我想起清朝著名的君主——康熙，他8岁登基，在位61年，如果在现在就差不多到了退休年龄。

柳传志：其实在他的儿子里面，当真有人，比如八王就有能力。可他不放心，他在心里并没有真正下决心在他神志很清醒、能力很强的时候把班交出去，他会觉得等于跟他叫板。诸葛亮是中国人公认的智者，但是最后结果也是没有达到预定的目标，没有把刘氏江山保存下来，这也是犯了接班人的问题，他老事必躬亲、老辛苦。事必躬亲、努力工作是个态度问题，但效果一定会好吗？未必。你应该让年轻人去工作，你在边上指导，不行再换一个，你老自个儿干，累死完了后边肯定出事。所以像康熙，到弥留之际，孩子吵架一点辙都没有。这不是自找的吗？

吴小莉：柳总之前还透露了一个细节，当晚上想看书却觉得太累了的时候，就得找接班人了，那是什么时候的事？

柳传志：1998年前后，我大概54、55岁。我下边有两个助手，郭为和杨元庆。我要是真的没有权力了，叫他们两个合作，将来一定会出事，一定会互相谁也不服谁。那么一定得在我掌握着权力，还挺能干的时候，我提出来说我先不干了，杨元庆你负责，郭为你协助，你俩合作一把。合作的结果在我预料之中，肯定不会成功，两人干了一段时间，都跟我说，是有困难的。那怎么办呢？分拆了好不好？两人都说好。既然都说好的话，就可以互谅互让，要不然那么大的资产、那么多人，怎么分？在中国历史上，像我们这样分工分拆得很好的其实很少。当时分的时候，很多媒体都认为将来会不好，今天却什么事也没有。这是为什么呢？因为那是在我在位的时候分的，能不好嘛！我要没权了再分，就肯定会不好。真是这样。如今，这个班子配合得非常好，我看得很清楚，慢慢地将来就是这个班子了，如果不合适，我现在还有折腾的能力。

还有是心态问题，我们到底想要什么？我很想要的是联想集团下面有涉及农业、IT 行业、金融行业、服务行业的子公司，每个子公司都各自有领军人物，他们自己都觉得自己是主人，都是在为自己干。像我离开联想不当董事长的时候，杨元庆拥有 8 亿股份，还贷款贷了 30 多亿，你说他能不把自己当主人吗？我替他操什么心啊！每个企业都有人在当主人，他们得哄着我干活，这感觉就对了。真是这样，尤其是看到年轻同志配合非常好，公司里边没有什么办公室政治，这活做起来是相当舒服的。这玩，打球是一种享受；聊天，像跟名人聊天，也是享受；看电视、看小说、看书都是享受；其实很好地干活，也是一种享受。大家特配合，战略制定完了以后，真能做，不行咱就调，调了之后还能接着合作，上下一心，这是很愉快的事。要点便是，你要早早做好这个准备，不能把一切都霸着，钱你也霸着，最后做好了股份是你的，名声也是你的，那就不行，你得让人家各自一摊做主人，这就是接班的前提条件。

吴小莉：接班的问题得早思考，怎么接班也得思考，到底是给专业经理人，还是给家族？您在说的时候刘俊山他一直在点头，他也面临接班的问题，女儿在自己企业里做，但是要交给女儿他自己又不放心。

刘俊山：刚才柳总说的这个问题我特别关注，我一直在想怎么妥善地把下一代接班人培养好，怎么能让他们做好。在这个问题上，我有很多的思考，其中之一便是假如我有三个孩子，是让他们一起搞，还是一个人搞一个企业。今天很荣幸能遇到柳总，可以当面向你讨教。

柳传志：我认识一个香港的老板，经营做酱油的那个李锦记老板。有一次他在一个论坛上谈的内容给了我们很大的启发。对于民营企业主而言，如果子女能传承的话，那主人翁感会更强，但是孩子多了怎么办？他家的方法是先把家族管好，成立了家族委员会，咱先不说企业，咱家里这些人研究一下，到底把企业办好以后，每个家族里的人都能分到什么。大家有了共识之后再研究，是请职业经理人做，还是家族里派代表去做。凡事都先把规章制度定在前面，这样就能正常运行下去。

吴小莉：您的企业里好像没有家族接班的困扰，当初是怎么权衡决定是职业经理人接班的？

柳传志：联想是国企逐渐改制过来的企业，所以也不能完全算民企，之所以没这个困扰，是因为联想很早就定了这个规矩。从我这里带头一律不许子女进公司，当时主要是为了公司内部好管理。假定我的儿子女儿进来，即使今天表现也不错，也会妨碍其他年轻人的积极性，每个人都会觉得委屈，其他年轻同事会觉得我偏袒儿子女儿，儿子女儿他们会觉得我压制了他们。所以，干脆都别进来，你们在别的地方做得了，不挺好嘛！

畅想的柳传志

吴小莉： 您在卸下联想集团董事长一职的时候，杨元庆送了您一条船舰，说您是永远的船长。您手下有好几员大将，能不能简单说说对他们的认识？

柳传志： 杨元庆为人很正派，而且做事极其执着，学习能力很强；郭为属于哭着喊着要进步的，上进心极强，当年真的被我说哭过多次，也是一个劲儿地要改、要往上奔；朱立南是相当表里一致，心里有什么直接跟你说什么，为人很正派；赵令欢是国外回来的，既懂美国又懂中国，思路非常开阔；陈国栋是做每件事责任感都非常强，不做则已，要做就做好。

吴小莉： 那您觉得陈绍鹏呢？

柳传志： 如今陈绍鹏也是一个领军人物了，他们都具备这种优点，就是都能独当一面，而且他的视野非常开阔。

吴小莉： 接班人具备什么特质是最重要的？

柳传志： 上进心、责任心、心胸开阔、对人诚实。此外，最重要的便是配合了。

吴小莉： 如果有一天您真的彻底去打高尔夫了，谁接班？

柳传志： 现在已经明确赵令欢是总裁，朱立南是常务副总裁，还有几个高级副总裁。现在他们配合得不错。

吴小莉： 所以您绝对不会犯康熙的错误？

柳传志： 我退休以后还挂了名誉董事长的职位，还代表着24%的股份，权力也够大的。但我相信我绝不会用到。

对话马云：
世界因小而美

　　这个世界，有钱的人不高兴，没钱的人也不高兴，有事业做的人不高兴，没事业做的人也不高兴。2012 年以后，世界发生着巨大的变化。从我这个行业来看，2012 年人类开始真正进入互联网信息时代，这是进入信息时代一个最大的变革。我们以前认为对的东西，今天再次审视时，都出现了问题。所以我今天想跟大家探讨的一个问题，就是世界在发生变化，你准备好了没有。你以前的知识结构，原先思考的方式，将会产生很大的变化。而且我坚定不移地认为，未来一定是小企业越来越好、大企业越来越累的世界。

——马云

在近 20 年前，他提出了一个当时大多数中国人还听不懂的事儿，他说要把中国的企业放到网上。身边的人说，他是书生、是疯子。但是他做到了！10 年前他说要在中国打败 eBay（亿贝），现在他的电商平台，在一个购物狂欢节日销售额达 191 亿元。直到现在还没有人能够完全看懂，他到底要做什么。但大多数人都同意，他改变了许多中国人的生活。今天他还在路上，对 5 年后中国的未来他有一个想法。

对话实录视频

认识马云是 2009 年。当时浙江省计划来年 1 月到港招商，第一次带着大批浙商助阵，办一场"浙江民营企业提升国际竞争力高峰论坛"。作为浙商代表，马云成了这场论坛的"张罗人"之一，而作为在港浙乡，我被邀请协助这场活动。

于是在一个周末的午后，我们约在港岛的咖啡厅里聊天。那时的马云周末返港和家人团聚，成为他比较轻松自由的私人时间。

那次见面，两个彼此从电视上认识的人，礼貌点头，谈论起香港的生活、浙商和港商的种种、论坛可以做什么主题。谈到他当年到香港见投资人，马云的感慨即刻涌现，说起他创业初期和投资者周旋的种种故事。

他笑着说："所有创业者遇过的困难我都遇到过！"也正因为如此，马云只要挥起大旗就能轻而易举地成为创业者的教父。

"商业界所有可能犯的错误，我都犯过，"他说，"所以现在别人快要犯错时，我一眼就能瞧出来。"

论坛当天，刚好谷歌宣布退出中国市场，媒体对他提问，马云答得很有政治智慧："没有一个地方做生意不会遇到困难，在艰难环境下做得好，才是英雄。"他又说，"最大的失败是放弃。"马云当年要把企业搬上互联网遇到一连串挫折，他避走美国。不信基督教的他，走进了一个小镇的教堂里，听牧师说了一段"永不放弃"的福音，决定坚持梦想。于是在一段时间里，"永不放弃"成为他的座右铭。直到今天，有朋友告诉我，在澳大利亚的一个华人餐馆里，都还能看到主人悬挂着马云写的四个字："永不放弃"。而这些看似不经意的聊天，其实就是话题的储备。

论坛结束，马云意味深长地看看我，欲言谢又止，最后对我说："你以后会用得上我！"一种很武侠，很义气，又很哥们儿的表现方式！很像马云！

在中国人所熟知的白手起家的富豪名单里，马云无疑是特别的。他不见得最富有，却在创业者中拥有极高的声望和影响；近年来他极少接受媒体访问，但电视上报纸上网络上，他的名字永远是曝光量惊人的热门词汇；反对他的人几乎跟崇拜他的人一样多，而无论是反对者还是崇拜者，表达自己情绪的方式都经常会像粉丝一样，激烈而充满行动力。他的一言一行都有可能暴露在聚光灯下，成为公众议论的焦点；而我见过的几乎每个有创业梦的人，都熟知他的名字，都能随口背出两句他说的名言金句。也许在这些创业者的心里，都隐隐地梦想着，有一天，自己也能成为马云般的人物。马云其人，与其说是企业家，不如说是商界"中国偶像"似的存在。

马云的偶像桂冠，首先来自于他那些为人津津乐道的白手起家的发迹故事。"我没有很有权的爸爸，也没有一个很有钱的舅舅"，在《与卓越同行》的录影棚里，他这样调侃创业前的自己。事实上确实如此，这样的马云，即使是成长在今天这个社会，要出头都是非常艰难的事情，遑论是在当时；这样的马云，当然足够耀眼，耀眼到所有人都不得不承认，他敏锐的头脑、准确而深刻的商业洞见以及持之以恒的毅力，是他建功立业的唯一凭借。他的成功，是极其罕有的"凡人也有出头天"的故事范本；另一方面，这样的马云，也足够平凡，平凡到似乎每一个普通家庭里成长起来的中国人都觉得，马云的资质、经历都与他们相差无几。马云的成功，或许正是上天对自己的一个暗示，或者更直白一点，在这些或公开或隐秘的心理作用下，马云俨然代表了一个更成熟更完善，并且蕴藏着无数可能性的自己。

跟熟悉中国商业圈的朋友聊起来，十个里有九个会评价马云有vision，字典里vision的解释很多，多与想象力、视野、愿景相关，而大家嘴里马云的vision，掺糅着远见、眼光、愿景和格局。

今天回望马云带领阿里走过的轨迹，最让我惊叹的不仅是他的vision，还有他的企业在这个由技术推动的互联网时代里俨然是一枚现实的生存标本。又或者说，他为人称道的vision其实深深地扎根于他对这个崭新的技术时代快人一步的理解和强大的生存力上。

这似乎是阿里给我们最重要的经验：不断地关注需求，解决需求。

从1995年马云创办的中国黄页，到4年后创办的阿里巴巴，马云最先发现互联网可以解决中国小微企业的迫切需求。当年，中国外贸增长强势，小微企业主们与世界沟通最重要的渠道依然是散布在江浙一带的各种小商品集散市场，和穿流其间的各色外国人。马云把互联网带到了小微企业主的面前，于是，世界被互联网拉平，外贸中长期被倚重，长期得不到真正重视和扶持的小微企业开始放大自己的力量。而阿里也借着这股强势需求渐渐成为亚洲B2B王者。

2001年，美国纳斯达克暴跌，新经济泡沫破裂，美国消费力下降，以出口为主导的亚洲经济感到压力。"内需"成了闪着金光的新方向。利用阿里巴巴积攒的用户和经验，马云在2003年创立淘宝，开拓B2C业务。像当年的阿里巴巴一样，马云的淘宝迅速为聚拢在阿里和马云身边的海量小微企业找到了"内需"的市场。这个时候，阿里巴巴与淘宝的小小闭环已经形成：B2B2C，小微企业主们在阿里巴巴上接国外订单，在淘宝上做国内生意。

可做 B2C 的淘宝并不是中国市场上的独一份儿，8848 就曾经尝到过领先者的荣耀与苦涩，国外来的巨鲨 eBay 也在积极扩张。但马云找到了当年网上交易的痛点：信用。于是，支付宝诞生了。用"支付宝"创造出一个中立的担保人，这个朴实得近乎笨拙的解决办法，却一下盘活了因为缺乏信用体系而始终无法做大的网络交易市场。如果说阿里巴巴和淘宝成立是中国互联网时代的重大事件的话，那么支付宝则具有里程碑式的意义。它不仅解决了网上交易的需求，更第一次成了中国人的信用建立者、管理者。至此中国的小微企业终于可以把买卖整个搬到网上，有了彻底摆脱传统渠道的能力。阿里系这片土壤孕育出了互联网时代的第一批网商。

2007 年，美国次贷危机，全球经济一片萧条，中国外贸行业寒风凛冽，专注内需的淘宝却逆势飞扬，堪称奇葩。这个时候，阿里系取代传统渠道的基础工程已经孕育成了适宜生存的生态系统，互联网不再对后来者显得陌生，小微企业衣附着阿里这个生态系统，一切都被照顾得顺理成章。

"支付宝事件"和淘宝"十月围城"更像是先行者的代价：总碰见我们从未遇见，甚至从未预见的危机。这似乎是既当玩家又是裁判的阿里，必然会在某一个点上遇到的挑战。

今天再看阿里系这盘大棋，玩法又自不同。仔细回想，阿里已经很久不提"生态系统"这个说法了，大数据成了新的焦点。2003 年为了解决网上交易而种下的果实"支付宝"，今天焕发出了大部分人始料未及的能量。在支付宝沉淀下来的 10 年数据，今天正在帮助阿里开拓网络金融的新疆界。小微企业贷款难的问题，阿里金融似乎比现有的任何一家银行都解决得顺利。刚刚宣布退休的马云，马不停蹄地又搞起了菜鸟物流，中国电子商务的新瓶颈"物流"，迎来了一个专注用互联网技术解决需求的老江湖。有趣的是，不论是网络金融，还是菜鸟物流，马云都反复强调，阿里不是要再办一家银行，也不是要再搞一家物流公司。那他做的是什么？多年来反复了解大数据、试验运用大数据的马云似乎有信心像当年用淘宝打败 eBay 一样，在比特世界里能比银行，比物流公司提供更基础的服务。对大数据的理解与运用，就像当年最初对互联网的理解与运用一样，正在成为新时代此消彼长的关键。马云带着阿里，再一次准确地赶上了这个节奏。

在如何做马云这期节目上，编导组讨论激情而热烈。那时候的马云已经有多年没有接受中国媒体采访，而他自己的微博，在 2011 年 6 月 16 日，留下《狂人日记》里的一段话，没多久便逐渐隐没于微博世界，直到他辞去阿里巴巴 CEO 一职。

在此之前，马云及阿里巴巴遭遇了史无前例的一系列公关危机。编导组对马云在这段过程中是如何走过来的，充满了天然的好奇。就在编导组设想着马云会如何回应这些问题而兴奋不已时，我反向节目组提问：对于现今中国人的商业和经济生活，马云曾经带来了什么，又最可能再给予什么？

那是远见和改变。如果说最初的互联网世界是一个荒蛮的新大陆，马云便是两眼一抹黑地探索如何在其中生存的拓荒者。这片天地如此之新，不是不犯错，而是不断犯错，但迅速纠错。在蒙昧大陆里，走在最前端者，最脆弱，因为他将蒙受未明的危险；但走在最前端者，又最强大，因为他最理解这片大陆。

所以马云会在《与卓越同行》里说："这是一个新型的动物，这个动物以前没出现过，很头痛，但这也是乐趣所在，我们必须去解决它，因为没人可推了，这个祸是我们闯的，我们只能把它闯下去了。"

我认识的马云，原本是一个挺会自己找乐子的人。这两年他的平台越做越大，这个生态系统建设完善的过程中，让我觉得他的快乐有了一分沉静。

采访那天其实他有一点疲惫，但是在品龙井吃茶点之后，我们就慢慢聊开了。聊着聊着他说，"我的话会不会太哲理性了。"我笑了。马云说话，喜欢用肯定句，还擅用负负得正的加强句。在《与卓越同行》的对话中，他提到："这世界上有理想的人太多了，我在中国找不到一个没有理想的人，但真正把它变成现实去干的人很少，然后碰上困难，躲回来的人却很多，埋怨社会的人很多，埋怨没钱的人很多，但没有一个人说我把它给办了。"

他曾不止一次说："其实最大的学习，不是学习别人的成功，而是学习别人的失败和错误。"而当很多创业者都在学习马云的时候，我问他，有什么人你觉得值得学习，他笑着说："任何行业你想做好，都没有前人。必须走创新的行业才有可能赢。所以学习行业内者必死。学习行业外者才有动力和创新的机会。"

节目播出没多久，马云便辞去了阿里巴巴集团 CEO 的职务。离开之前，马云按着"小而美"的理论，像张瑞敏一样把阿里拆成了若干个自主而又协同的小个体，然后撒手寄情于生活去了。他说："之前，工作是我的生活；明天开始，生活将是我的工作。"然后转身离开。

他暂且摆出了一副旁观者的姿态。有人猜测，真要出事儿，马云会不会再出山，还是会将自己的传奇留在神坛上，这个问题的答案恐怕只能交给时间了。我了解的马云，虽热爱风清扬，却未必会像风清扬一般与江湖一刀两断闭关清修。"菜鸟"的飞行只是另一个开始。也许，他正从另一个角度设计一盘更大的棋局。

马云、刘永好和吴小莉

开篇

吴小莉：马云，我以为你会小跑步上场呢。现场观众很热情。

马　云：大家好。

吴小莉：我先问一个小问题，你觉得对于企业来说，什么越大越好，什么越小越好？

马　云：其实没有东西是越大越好，也没有什么东西是越小越好。大和小，是在不断变化的。

吴小莉：很多人都愿意跟随马云的眼光看未来的互联网，因为好像你常常会看到不同的地方。可以告诉我们今天你的预见吗？用一句话先概括一下。

马　云：2012 年大家担心的，不是世界末日，而是当旧世界崩溃，新世界到来，我们有没有准备好迎接新的世界。

吴小莉：这就是我们今天讨论的主题：要怎么样迎接新世界？

马　云：我发现整个世界的政治在发生变化，经济在发生变化，环境在发生变化。这个世界，有钱的人不高兴，没钱的人也不高兴，有事业做的人不高兴，没事业做的人也不高兴。2012 年以后，世界发生着巨大的变化。从我这个行业来看，2012 年人类开始真正进入互联网信息时代，这是进入信息时代一个最大的变革。在 20 世纪的工业时代，所有的企业都讲究规模、讲究大、讲究标准，现在的企业都开始讲究小、讲究特色、讲究附加值。所以我们以前认为对的东西，今天再次审视时，都出现了问题。所以我今天想跟大家探讨的一个问题，就是世界在发生变化，你准备好了没有。你以前的知识结构，原先思考的方式，将会产生很大的变化。而且我坚定不移地认为，未来一定是小企业越来越好、大企业越来越累的世界。

个性化需求导致市场变革

吴小莉：在未来，什么样的小企业具有最多的创新能力，什么样的小企业适应未来世界，会小到个人吗？

马　云：互联网出来以后，无数的人可以运用互联网的数据和技术，去做以前只有大企业才可能做得到的事情。我发现，如果我用好了互联网，就我们几个人，坚持做下去，可以改变很多事情。这十多年来，就是按照这个想法，这个坚定不移的想法一直向前走，走到今天，从十几个人开始创业，到今天有两万多人；开始我们自己影响自己，到今天，我们可以影响几亿的消费者。新的经济时代已经来临，原先我们所谓的 Made in China（中国制造）的概念会发生巨大的变化，以后会是 Made in the world（世界制造）。今后的小企业要走出特色，它的很多产品的零件是来自全世界的。换句话说，今后出现的是 Made in the Internet（互联网制造）。这是未来。

在互联网时代，速度会越来越快，变化会越来越快。我觉得将来，企业的比赛，第一比的是价值，是其独特的创造意识，第二比的是个性，第三比的是规格。未来的世界是小的世界。以前，碰上大的竞争对手的时候，我一看人家块头那么大，钱那么多，影响力那么大，垄断势力这么大，就觉得根本没法与它竞争。其实，阿里巴巴和淘宝的思想就是，用互联网的技术和思想，帮助无数的小企业参与竞争。正因为坚持这个想法，并且坚持认为小就是美，我认为未来会越来越好。

吴小莉： 因为市场的变化，你看到了小企业可以创造价值、有个性。能具体告诉我们是因为什么样的市场变化，未来的小企业可以创造它的个性和价值，取得它的利润？

马　云： 市场中的需求变化了。记得我很小的时候，我去买衣服，听说这件衣服北京城里一天卖出 5000 件，大家就会排着队买这个，因为大家认为别人都穿那肯定是好，那就意味着时尚。而现在在北京城里，如果听说这件衣服已经卖出了 500 件，就没有人会对它有兴趣了，人们对个性化的需求发生了很大的变化。对大企业来讲，想做柔性化、个性化的定制非常难，小企业反而能够做到这些，能够快速适应这种消费者心理的变化。所以市场的变化会导致整个制造业的变化。

吴小莉： 如你刚才讲的，因为互联网技术，因为消费者需求，市场发生了变化。我们很想知道，这种时代来了以后，是不是会有更多的企业愿意为消费者定制，消费者是不是可以有更个性化的要求？

马　云： 对于企业来说，不愿意为消费者定制就死了。今后的企业，想要生存，就不得不为消费者改变自己。以前你觉得你有大资本，可以买大批量的货物进来以后，每卖出一件赚一点差价。这个时代快过去了。现在企业之间，拼价格，实际上就像黄昏后的蚂蚱，蹦跶不了多少天了。所以有时候我看到，还有很多企业在拼命打价格战，我挺替他们感到悲哀的。

吴小莉： 未来的 5 年，消费者越来越有自主权了，对于企业来说，这会是一场个性化的战争。那么个性化的制作，它的成本怎么压低，企业的形态是不是也得变化？

马　云： 其实我觉得，进入 21 世纪，企业首先想到的不应是成本。20 世纪，你要做规模，要做批量，你必须想到成本。其实过多地考虑成本，对企业来讲，并不是一个好习惯。你首先需要考虑的是市场有没有这么大的需求，你创造的价值能挣多少钱，如果你的产品能满足市场的需求，你再来控制成本自然就可以多挣钱。光靠节约是不会发财的。所以我们的思维要转变过来，你要先想这个东西有没有市场，有市场了，再考虑成本的降低。

吴小莉： 有人说中国人的创新能力不足，是因为中国没有"车库"，现在有了互联网，互联网成了中国创业者的"车库"。利用这个车库去实现梦想，有没有挑战？

马　云： 做任何事儿都有挑战。要把互联网这个行业的小企业做得小而美，起步就是挑战。

要做有幸福感的企业

吴小莉： 我们找到了市场，再来想办法降低我们的成本。现在的企业是链状的，那在未来的互联网世界中，企业状态会是怎样的呢？今天我们两个是竞争关系，明天我们可能合作吗？

马　云： 我觉得这就是未来企业关系的趋势：没有永远的朋友，也没有永远的敌人。我一直认为，商场如战场，但商场和战场之间又有一个关键的区别——战场只有你死了我才可以活着，而商场上绝不是你死我就能活。如果一个企业老是想着把别人打败，那么这个企业基本上也不会成就到哪里去。我觉得若一家企业想到的是今天灭这个，明天灭那个，这家企业是不能成为一流高手的。对于一流的高手企业来说，竞争只是它整个企业运营中的一个游戏而已。我自己就是把竞争当游戏的。

我觉得商业是门艺术，是件很开心的事情。其实我一直觉得挺有乐趣的，有个人跟你斗斗，有个人跟你玩玩，有人觉得要跟你拼价值，是很开心的事儿。

竞争在市场中是不可避免的，如果你害怕竞争，就不要从事商业。从事商业，你就一定会面临竞争。但是如果你为了面对竞争而去调整大的战略思想——未来要做到什么，那你就又错了，会导致赢在细节、输在格局的结果。有时细节做得好的人，对格局的把握往往很差，所以任何人都会有矛盾。什么是最大最好，什么是最小最好，是不断在变化的。

吴小莉： 你刚才讲了一个经商的哲理。如果我们放眼未来 5 年，放眼小企业之间这种网状的合作形式，它们看到市场之后，怎样把利润也找到？

马　云： 小企业能够找到利润，但是很难找到规模；而若你要做到规模，利润又很难做到，所以这是企业自己要把握的度。不管你是大企业还是小企业，首先要做"好企业"。做企业要有一种 Fun（乐趣），有一种快乐。你觉得自己做得特别开心，那么你一定是对的。如果做企业做得疲惫不堪，那一定有问题。是不是规模过大了，是不是模式有问题，这些你要去思考。在中国，每个人都希望做大企业，每个人都想做大事业。像我们这个企业，突然没头没脑地长了那么大，我们不是大家学习的榜样，我们是运气，我们这个时代的运气特别好：碰上互联网，碰上 13 年以前发现了电子商务，碰上一帮好这口的人，莫名其妙地走到现在。

企业要量力而行。很多人在讲，想要成为马云。如果我能重新选择，我一定不会再做马云，太辛苦了。这是实话。我记得有一年，我去日本，看见一个小店，门口贴了一个条子，说门店正庆祝成立 147 年。我跑进去一看，店里就一个老头一个老太太，还有一个工人，店面我估计也就 20 平方米，里面卖各种糕点。那个老头、老太太脸上洋溢着笑容说："我们家这个店开了好几代了，147 年，今天是店庆，送个小糕点。"老太太说着，"日本什么天皇啊、什么大家族的人都买我们的糕点。"这让人不禁产生一种幸福感。他们家这个小店，经营了这么多年，多舒服的事儿啊！你看我们做大了之后，一会儿要担心资金，一会儿担心劳工问题，一会儿担心社会上各种事儿，完全没有幸福感。

吴小莉：你现在没有幸福感了？

马　云：我现在的幸福感跟那种不一样。已经爬到 7000 米高空了，我只能享受 7000 米高空上的这种幸福感，这种幸福感……

吴小莉：有点缺氧？

马　云：是相当缺氧。其实你是不愿意上去的，但你走上去了，再想下来也不容易，你就待在那儿吧！

吴小莉：但是你还得再往上爬吧？

马　云：这个说实在的，假设我可以不爬，一定不爬了。

吴小莉：我认识的马云不会不爬。

马　云：有的时候，人不能太自私。我今天放下不爬，我自己觉得自私了一点。因为我们今天的成功确实要感谢时代，感谢那么多支持我的同事。我所有这一切都是别人给的。我就没想过，我可以做到今天这个样子。人的运气过多以后，如果做得不对，这些运气都会变成晦气，所以把运气分享给别人，才能够让自己后面的日子好过一点。

这个是真话。比如去旅游的时候，某个景点，其实你不想去，走得累死了，但你前面有人回来说那边很漂亮，你就继续走，结果发现很难看。很多在创业路上的朋友，其实也许你就差一口气，那我告诉你，跑到那边其实也没什么意思，还是路上比较精彩。

吴小莉： 最近，有一些年轻人告诉我，他们不一定会去大城市，也不一定去大企业了。这会不会也可以印证"小而美"的变化？

马　云： 今后，选择去大企业的年轻人会越来越少，去特色企业、幸福企业、美的企业的人会越来越多，因为在那儿他们能够充分展现个性化特色，展现自我价值。我一直坚信一点，影响一个生态系统的关键因素不是狮子、大象，而是微生物。微生物影响了草木，草木影响了兔子、羚羊，兔子、羚羊影响了狮子。影响一个国家的教育、文化水平的，不是大学有多少，而是小学办得好不好。

　　因此，影响中国经济未来的不是企业有多大、大企业有多少，而是小企业有多好、小企业有多美、小企业有多个性。这才是一个国家经济的基础。中国有 13 亿人口，绝不可能靠国有企业、靠大企业解决就业，解决就业就得靠小企业。因为再给国企增加两倍的员工，整个国企就会瘫痪掉。而若每个小企业增加一个两个员工，就能解决很多就业，这个也是小企业对中国有贡献的地方。

吴小莉： 有创新力的小企业。

马　云： 对。走老路的小企业一定没有机会。假如你要做一个小企业，你还在想着当年的买进卖出，纯粹赚一些差价，纯粹做一些没有太大价值的企业，你不会走得太远，因为你一定会被技术浪潮淹没。今后，小企业之间的竞争，是知识的竞争、学习能力的竞争、个性化的竞争，还靠老路子，肯定是不行的。

吴小莉： 我们看到，信息经济的时代已经来临了，很多行业因此而消长，比如说物流。在未来的互联网世界中，什么样的行业会欣欣向荣？

马云曾经说，认识一个新朋友，只要开始谈话 10 分钟，他就知道是不是要再和这个人继续深谈！对于惺惺相惜的朋友，他可以彻夜长聊。

马　云：我认为几乎每个行业都会出现欣欣向荣的景象。没有不好的行业，只有不好的企业，这个大家都知道。而且有一点可以肯定，各行各业都会出现巨大的变革，每个行业都将变化，我不知道哪个行业会做得更好，但是有一些行业一定会好，比方说物流。现在整个中国每天估计有 2000 万个包裹需要运送，继续走下去，8 年后，一天能有两亿个包裹。今天中国整个快递行业有 100 万从业人员，10 年以后，中国快递业将有 1000 万人。我真的觉得快递人员特别了不起，今后他们会得到更多的尊重。

当他们成为社会经济关键的一份子的时候，如果再评"经济十大人物"的话，第一批应该给淘宝的店主们，第二就应该给那些快递人员们。这些小单位的个体，正在影响中国的经济。

融资的关键是发展

吴小莉：很多人可能都想创业，创业的第一个门槛便是资金。遇到资金问题的时候，小企业该怎么办？

马　云：怎么办？这种情况，几乎所有的创业者都碰上过，渡过的人活，倒下的人死，就这么简单。但是，一开始就想"我本来可以做到很大，我就是缺钱"的创业者，基本上都做不大，都不会成功。钱是创业的一个要素，但不是一个决定因素，真正的决定因素是量力而行。很多时候，我们还没开始学走路，就想开始跑步了。融资是要付出巨大代价的，绝不是嘴巴说说那么容易。你要创业，这个门槛你必须得跨过去，而走过这个门槛的关键是量力而行。公司这么点大，先别考虑融资，先考虑怎么把客户服务好。

吴小莉： 融资可不是件容易的事儿，融完资以后，可能要面对更复杂的问题。

马　云： 当然！融了资以后，麻烦会更多。本来没人管你，现在有人管你了。而且管你的人，都是不讲道理的。

吴小莉： 我们这里，有一个专门做投资的。刘明豫，机构投资人是不是要看准了机会才会投资？投资了以后，就会去管理？

刘明豫： 我们这样的投资人，对创业企业，对项目的整个标准和要求，都会很高。所有投资人都喜欢锦上添花，而不是雪中送炭，我必须得这么说。总而言之，融资、创业都是一件不容易的事儿。

马　云： 我觉得讲得非常对。如果我投资一家企业，我会先评估企业的领导者，我首先要问的不会是他取得过多少成绩，而是他过过多少坎，因为这样，我才能知道这个人的抗击打能力有多强。做企业的第一步，就是人和钱。我刚开始做第一家企业的时候，为了资金，我什么办法都想了。最早的创业者，一定是问亲戚朋友借钱的。你别去骂银行，银行跟投资者一样，只会锦上添花。它们的钱也是一点点融来的，也不容易。

吴小莉： 5 年后，在互联网的世界，数据的力量能不能帮助这些小企业，比如降低它的成本，或者增加营销方式？

马　云： 小企业利用互联网进行营销，绝对是要比传统的营销好很多。首先，要建立一个客户的数据库，这个数据库跟大的数据有交换，所有来过的客户都有记录: 客户的满意程度如何, 什么时候做成的交易, 他下次大约什么时候回来。利用数据库, 可以对客户进行个性化的服务。这里面可做的事情特别多, 服务性行业很难去比拼高科技, 要想做到与众不同, 必须要创造独特的价值, 即你有但别人没有。这是需要动脑子的。

吴小莉: 互联网其实很鼓励创新。关于互联网筹资, 于仁国有一个很好的想法。

于仁国: 我来自动漫创意行业。我身边有很多设计师朋友, 他们都有很好的创意, 还有很好的产品设计能力。他们通常是以小的工作室, 几个人, 甚至是一个人的形式来运营。他们设计出来的产品, 其实很难实现规模化的生产。现在流行一种模式叫众筹。这种模式是这样子的, 设计师有一个很好的创意, 他把自己的创意发布在一个网站上, 通过这个网站获得一些人支持。这些支持者呢, 愿意出一部分资金来帮助他实现这个创意和梦想。当创意得以实现之后, 这些支持者就会获得一些非资金的回报, 比如说第一时间拿到生产出来的产品。在国外, 有一家比较成功的企业叫 Kickstarter。如果这样的模式在中国能实践起来的话, 我觉得对设计师会有非常大的帮助。

要想把这个模式很好地运转起来, 必须具备几个条件: 第一, 这个平台它一定要有足够的信任基础, 支持者要把他的钱放在上面, 这个平台会帮他很好地把钱管理起来; 第二, 这个平台一定要有一个很大的流量, 吸引很多的访客, 让设计师的创意得到更多人的关注、获得他们的支持。所以我觉得可能那些还比较小的网站不足以支撑这个事情很好地运转起来。

我研究了半天, 觉得可能支付宝和淘宝最适合做这件事情。首先支付宝已经有了很好的信任基础，淘宝又有这么大的用户流量。如果这件事情做成了，我觉得不仅会使网上生意越来越容易，而且每个设计师都有机会创造出属于自己的产品，实现自己的梦想。

吴小莉： 马云，你怎么看？

马　云： 我觉得他讲得很有道理，未来小企业会越来越讲究个性化。在今天的中国，要把他说的那个网站的模式做大是有一定难度的。正好我们公司就好这口，我们好的这口，就是帮助小企业成功，帮助小企业打败大企业。我们未来几年会往这方面去努力，其实我们已经开始发放小额的贷款。我自己觉得挺了不起的。我们从 200 多名员工[①]，在两年内，给 17 万家企业提供了贷款，平均每家企业贷到 45000 元人民币。他们可以贷一分钟，可以贷一个小时，可以贷一个礼拜，这把银行给吓坏了。小企业需要的就是应急钱。这其实算是金融方面的变革。现在大的金融企业很难适应小企业的发展。当然了，这个模式一个需要时间，第二需要大量的调研帮助发展，我们是有兴趣的，只要能够帮助小企业。但是有一点，未来的小企业拼的不是资产，而是信用。

　　未来的社会，必须让有信用的人富起来。只有让有信用的人富起来，这个社会才会积极、正向。这世界上有理想的人太多了，我在中国找不到一个没有理想的人，真正努力把理想变成现实的人很少，碰上困难后躲回来的人很多，埋怨的人很多。

---

① 2009 年阿里巴巴金融成立，在之后不到一年的时间里，人员数量从 10 个人扩充至近 200 人。

吴小莉

电商不大战

导读：

　　明天是中国经济转型的一个信号，就是新经济、新的营销模式对传统营销模式的大战……"对于传统行业来说，这个大战可能已经展开。

——2012 年马云谈"双十一"购物狂欢节

吴小莉：在 2012 年"双十一"前的一天，你曾说，新的营销模式对传统营销模式的大战已经展开。

马　云：对。很多人说我们电商之间的大战很激烈。我说电商之间不大战，如果要打，我就要对传统的模式打一打，如果要冲击，我就要对国有企业的大模式冲击冲击。这不是因为我想，而是因为时代的需求、社会的趋势。所以我对那些零售行业特生气，凭什么它们可以赚 15%，凭什么它们价格拉得那么高，凭什么它们把电视机厂商的利润打到每台只赚 10 块钱，甚至 7 块钱。假设一台电视机只赚 7 块钱，电视机行业怎么进行创新？所以必须让制造业也赚钱，这样双方的利益才能起来。"大战"的时候，确实会出现那样的情况，有点丑陋，但是战争的时候，丢个胳膊断条腿很正常，结束以后再大搞建设。

吴小莉：战争的决战点在什么时候？什么时候会结束？什么时候会清理战场？

马　云：这个船已经开始沉了船底，已经出现漏水了，接下来要考虑的是，是跑还是堵那个洞。我发现有很多企业，不断地去堵昨天的洞。堵不住的：今天堵上这个洞，明天又会出现新的洞。今天常听到有人说要赶紧救实体经济，救不了的，这种观念本来就是错的，转型升级是要付出代价的。就像你准备去拔牙，那么你就要准备好流血、准备疼痛、准备医药费、准备请假。你都不准备，一出血，你就说不拔了，那已经太晚了。今天实体经济出现问题，是转型升级中一定会出现的疼痛。我们要把这个问题看清楚了，要知道这艘船是一定要沉的。而边上有新船，干吗不上新船？

小企业第一关，把味道做好

吴小莉： C2B 的时代到了，这一点不只是小企业看到了，你看到了，大企业也看到了。当大象也开始琢磨蚂蚁干的事儿的时候，蚂蚁还有生存的空间吗？

马　云： 反应快的企业是少数，绝大部分的企业反应是非常慢的。有些企业不断地说"这样不是砸了我的饭碗吗"，在焦虑之间，别人就超越它了。所以，反应快而且果断的企业会走得更快。10 年以后成功的企业，不一定是今天我们在市场上常听到的。

吴小莉： 张瑞敏先生也在做一些改革，管理上的改革，想把海尔这么大的企业做成一个自主经营体，这是不是一种类似于创造"小而美"的尝试？

马　云： 对互联网营销时代，我觉得张董理解得非常深。前 10 年，所有人看到的是，电子商务对传统的零售、消费、渠道的冲击，未来 3 年到 5 年，电子商务将从消费渠道进入生产制造业。无线互联网的出现，带来了生活方式的变革，这对未来的电子商务意义非凡。我发现张瑞敏好企业管理这口。他在这方面花了很多的时间，所以海尔才会那么快地进行了这种变革。很多企业都还没醒过来，或者还在挣扎，祝福它们。

吴小莉： 2009 年的时候，你跟郭台铭先生有一次"西湖论剑"。你们对于大小有过一番讨论。郭台铭先生当时提到了网络经济对大企业如虎添翼，网络是它的翅膀，可以无远弗届，所以企业的大小不在于规模，而在于能力和弹性。蚂蚁是一个团队，这个团队搬了一颗糖回来，该怎么分糖？这牵涉到利润分享和回馈的问题。

马　云： 我觉得第一句话就有问题，什么叫如虎添翼？你们见过老虎有翼么，那是想象。反正我没有见过老虎加上翅膀就会飞的。即使给老虎插上翅膀，它也飞不起来，因为它太重了。所以我告诉大家，如虎添翼是大企业的想象。零售行业的人很恨我，他们现在也只有恨这口气了，连还击的力气都没有，因为我不会给他们还击的机会。真正的商业竞争，就是不战而屈人之兵。如果我发现你是我未来的对手，我今天就把你主要的神经给抽了。这就是互联网的可怕之处。你还在等待翅膀的时候，人家早就把你给办了。所以我觉得，昨天的大是未来的负担。由小变大会开心，可过大了又会觉得累，这是一个哲学问题，对于企业来说是这样，做人也是这样。比如我，我这样瘦，增加个 20 斤挺好，继续增加个 20 斤麻烦就来了。所以我觉得小企业联合将面临利润分享和回馈的问题，大企业也会有这个问题，这个问题是所有企业共有的。

吴小莉： 对于大和小，王晓庆有他的想法。

王晓庆： 马总您好，我是一个小企业主。从设计到产品的研发和生产，我也是从一个人开始做起，然后到现在，总体规模可能已经达到 200 人了。听马总的谈话，我思维转变了很多。这几年我们开始把企业拆分，也在做快速的转变。小企业其实不太好定位。咱们国家还有"小微企业"这样一种称呼。我觉得行业不同，小可能有着不同的意义。比如说造船企业，它可能非常庞大，而餐饮，可能两三个人就可以做起来了。不知道马总对这方面的大和小有没有一个界定？

马 云：我说小企业好，绝不等于说大企业都死光了。中国一定会有很多大企业的，有些行业确实需要大企业。但这些大企业是无法靠规模取胜的。大企业最大的挑战、中国制造业未来最大的挑战是如何大规模按需定制，标准化、规模化的定制时代已经过去。沃尔玛 20 世纪创造的商业模式就是商场采购，大规模的采购导致流水线集装箱标准化。大规模、柔性化、个性化定制，是制造业的趋势。小企业可以让世界更美好，但是小企业首先要自己更美好，世界才会美好。

小企业让世界幸福的原因在于小企业能创造独特的价值。我们家做的饼，我们家做的车，别人做不出来，我就可以卖得贵一点。因为一定有这个市场，一定有人买我的车，因此我可以卖得贵点，我的利润就会高，我就会不断地有乐趣再造。有的行业大的好，有的行业小的好，但是总体来讲，中国小企业的时代要来了，而且必须要来。如果小企业的时代不到来，中国的经济将永远在打圈。

大企业转身难度大

吴小莉： 你一直强调，21 世纪是小微企业的世纪，大企业得卸包袱，但是您的公司却越做越大。在小微企业的时代里面，大企业要怎么生存？

马　云： 我的企业是越来越大，但是我的企业运营越来越小。2011 年，我把淘宝拆成了三个公司。昨天，我们还在开会，讨论怎么把阿里巴巴集团拆分成 30 家公司，如何把自己做成一个生态系统？因为在互联网时代，不能以帝国思想去领导一家公司了。帝国思想说：要么你加入，要么我灭了你。在知识经济时代，像我们这样要帮助几千万家企业、几亿个消费者，靠传统的管理模式已经不行了。所以我们思考的是，我们公司不仅是个组织，而且要是个生态系统。以前我们做一个没人做过的企业，现在我们建一个生态系统，也没人做过，又没地方去学，所以我们不断地在挑战（自我）。

吴小莉： 未来市场上既会有大企业也会有小企业，大企业和小企业之间是什么样的一种关系，能够怎样进行合作？

王晓庆： 我们目前跟国内的很多企业进行了合作，比如我们来研发，然后借它们的品牌营销。包括在淘宝上，我们用另外一个品牌来运营，结果发现效果确实很好。但是这样其实不太好控制我们的规模。我们今天想了一个办法，叫产业联盟，就是我们把不同的企业合在一起，形成一条产业链。一些部分外包给专业的企业，然后我们做一个核心，现在正在初步尝试。不知道这样的方法对不对。

马　云： 第一呢，我不知道你的方法对不对，但是这样的思维方式是对的。我们每一个企业发展到一定程度一定要思考，我们的组织、我们的管理方式必须要

　　录制马云这一集时，现场观众席一座难求，节目组因此得罪了不少人。经历了那么多波折，年轻人还是希望看见一个强大的英雄导师式的马云。回想当年中国网络革命的第一代豪杰，几乎是清一色的海归"高富帅"，金戈铁马攻城略地。而马云，一个其貌不扬、身材瘦弱的书生，却用理想主义的布道掺糅着精明商人的步步为营，带领阿里完成了一个辉煌的"逆袭"。马云，代表着所有默默无闻者可能达到的最顶峰，他的故事是属于 21 世纪的童话故事。

适应。其实一两百人的公司与两三千人的公司的管理方法完全不一样；两三千人的公司与一万人的公司，管理方法又完全不一样。两三千名大学生的管理跟两三千普通工人的管理方法也完全不一样。对于两万、三万以上的知识人群的管理，中国在这方面基本上是空白的，谁都没摸过。而中国人的管理方法跟美国人又不一样，所以我们每个企业都得去思考。比如猫，等它长到 500 斤重的时候，它就已经不是猫了，你别把它当猫看。企业也一样，企业上了一万人的规模的时候，它已经不是一个企业了，它就是一个组织、一个生态了。微生物群体越发达，树长得越高，草长得越茂盛，野兔、羚羊也会越多，狮子、大象才活得好。

我的意思就是说，整个中国必须要有大量的微生物群体，才会有大量的各种各样、丰富多彩的物种。只有这样，中国商业的整个生态系统才会完整稳定，只有这个样子，中国的经济才会务实。这是我个人的看法。

申　俊： 马总您好！我是从事化妆品 B2C 的。我发现创业越来越难了，创业的成本也越来越高了，尤其是想获取有效用户的成本更高了。为此，现在我们不得不加入一些平台来发展，而这些平台，要不是保证金很高，要不就是金融服务费很高。很多创业者没有资本，没有这个条件去加入，而一些已经加入的创业者发现，即使进去了，推广的资源也非常有限。他们活得非常艰难。我想请教一下马总，这些小网站和小卖家们，他们将来的出路在哪里？我们这些有平台梦的创业者，是不是应该坚持我们的平台梦呢？

马　云： 如果你一开始做的是 B2C 的网站，你就应该放弃平台梦想。如果你一开始做平台的，你就开始忘记自己做 B2C 的想法，最怕的是两头跨。每个人要想明白，所以你刚才讲的我完全理解。在中国这个市场上出现一两家平台，或者三四家平台，超过 10 个平台的可能性没有。而且有些平台会越来越大，真正变成生态系统的时候，它会越来越大，所以其他的平台很难生存。今天我也讲实话，我还看不出来第二个做电子商务平台的苗子。不是我看不起它们，是它们第一天走的方法错了。中国企业 B2C 的模式，很多是错误的，今天已经在那儿了，如果中国的企业不去利用好平台发展自己的 B2C 业务，成本会非常之高，因为中国这种 B2C 的模式是不存在的。中国绝大多数企业的做法是把传统行业搬到网上去。传统行业搬到网上去的基本死得多，这个大家一定要去深刻反思，为什么这家也不行，那家也不行，这个也不行，那个也不行。但是中国做得最成功的 B2C 业务，赚钱的 B2C 业务，确实都在我们淘宝的平台上面。2011 年除了陶宝自己建的 B2C 网站外，到目前为止，我还没找到一家成功的。为什么？你离开一个生态系统是很难活的，离开了生态系统，建了自己独特的 B2C 模式，你的流量要自己抓，如果物流也是自己建，你的货还是从别人那儿去拿，中间还要拿 Discount Commission（折扣和佣金），基本上，你是没有赢的可能性——唯一赢的可能性，就是拿更多 VC 的钱。

把这些问题看清楚了，你就会知道自己要什么、不要什么、准备付出什么。天下没有一家企业是舒舒服服成功的。即使是腾讯、阿里巴巴这样的企业，也在挣扎之中。这世界没有人是可以轻松赚钱的。只是你能熬多久，想一下，自己的团队对不对、前面的定位对不对、模式对不对。要利用好社会现有的资源去发展。什么叫利用社会现有的资源？该留给别人吃的饭就留给别人吃，该自己努力的自己努力，凭自己的价值去赚钱。什么都想自己干，你把人家的饭碗都砸了，别人有一天也会把你的饭碗砸了。我是这么认为的。

有的人说，淘宝上开店越来越难。第一，我告诉你，开店从来没容易过。第二，谁让你 6 年以前不来。6 年前没来，但如果今天努力去干，6 年以后，一定会比今天没干的人要好。

数据时代的核心是分享数据

吴小莉： 这么多年我们一直谈信息经济，数据的处理、分析，以及数据未来能够提供的咨询跟信息是非常重要的。

马　云： 数据时代的核心不是分析数据，而是分享数据。数据会诞生出无数新型的企业。用数据分析一下，我可以卖什么。这样还是 IT 时代，不是数据时代。5 年以后诞生的数据时代，社会上几乎所有东西都跟数据有关。在真正的大数据时代，人类将有三笔财富：第一，钱包里有多少钱；第二，有多少信用；第三，拥有多少数据，数据跟别人交换的频率有多大。具体是什么样的东西，我今天要讲的话得讲三个小时，没那么多时间。我相信今天很多年轻人已经在利用数据，在创造一种新型的行业、新型的产业。

吴小莉： 马云刚才提到了数据的功能其实远不止于此。你曾经提到过，21 世纪你们公司要做一个伟大的数据公司，那你们会提供什么服务？精准营销在你们的服务范围内吗？

马　云： 精准营销，将来会成为我们中间很小的一部分。我们真正希望做的是，能够把收集到的数据，把淘宝的消费者的数据分享给制造业；把制造业的数据分享给消费者，分享给供应商，把支付宝的数据、淘宝的数据、中小企业的数据分享起来。数据若不能运用起来，便是一堆垃圾。数据不拿出去跟别人分享，就不能产生社会价值，所以我们公司在 3 年前做了一个决定，我们不知道数据怎么挣钱，但我们知道，数据将成为 10 年以后，比石油还贵的东西。它一定会对社会有巨大的贡献，所以我们今天必须投入，只要对社会有贡献的事情，它一定能挣钱。我们觉得收集、处理、分享数据，是我们这个公司未来 10 年的发展方向。

吴小莉：曾经有一个说法是，美国的医疗体系，如果运用海量的数据分析提高它的质量和效率的话，每年可以节省大概 3000 亿美元。现在有一些媒体网站，尤其是美国的，他们也在一些社交网站中，测量哪一个人今天感冒了、这一个群体是不是有一个感冒指数。这些是不是都是大数据时代的特征？

马　云：我相信那将是一种很普遍的应用。阿里巴巴有整个"阿里巴巴"的金融数据，以及制造业数据，希望这些数据，能够在宏观上对国家经济有一些帮助。我们不能拍拍脑袋说改革就改革，说改这个就改这个，要有数据来支撑。

一次汶川地震死了八万多人，我们都很悲痛。而一次金融危机、一次错误的经济政策，让无数家庭、无数企业受到伤害，却没有人议论这个结果。自然地震是很难预测的，但如果掌握了大量的经济数据，消费者的数据和企业的数据，是能够预测经济地震的。今天中国无数的创业者在创业，你是否真正知道，与你做同样事情的人有多少、价格怎么样、别人是怎么做的、情况如何？一个人如果毫无数据，就等于拉了一只船直接出了海，所以我们希望这些数据给无数的小企业装上一个 GPS，装上一个指南针，让他们出去后知道回来的路线。这是一个很大的理想。有一天我们真做到的时候，我想互联网、电子商务对中国经济未来的发展是有真正实在的帮助的。上到国务院，下到小创业者，都能够利用好数据，让企业走得更加稳健。

吴小莉： 我曾经访问刘永好先生，他提到，中国的经济有时候会受到"猪经济周期"的影响，用数据来分析猪的价格波动，可能对于很多的决策是有帮助的。

马　云： 是的。我相信未来的数据对社会的作用将远远超过今天我们的想象。10 年以前，在座各位，包括我在内，我们都没想到互联网会让我们今天的生活产生这么大的变革。我们很难想象，10 年以后，数据会让我们的生活产生多大的变革。这是未来 10 年的巨大机会，所有创业的人，都要思考一下，如何能利用好数据。信息时代是基于我比别人聪明的基础上的。收集了很多数据，然后编辑好以后给别人，这称为信息处理。数据时代是相信别人比我聪明，把原始数据交给别人，让比我聪明的人去处理。如果你相信自己比世界聪明，比别人聪明，那你一开始就输了，因为这个世界一定有人比你聪明。

吴小莉： 很多人看到了数据的力量。除了您看到之外，很多社交媒体也看到了。未来你会跟这些社交媒体进行合作吗？

马　云： 跟谁都应该合作，数据时代，数据应该打通，应该分享。各种各样的数据都有一种处理的功能。储存、处理和分享的机制要建设起来。所以我觉得未来 5 年、10 年，由于互联网产生了大量数据，利用好这些数据，是巨大的挑战，也是巨大的机会所在。

吴小莉： 现在我们要相信别人，把数据交给更聪明的人去处理。交出去之后，他们怎么去应用，怎么运用，是不是会成为一把双刃剑，是不是会触及一些我

马云和吴小莉

们的安全底线？关于这些，林琛有他的想法。

林　琛： 我刚才仔细听了马总对数据的一个运用的想法，首先我们要肯定大数据对整个社会效益的提升作用，同时，我们也看到了，在大数据时代，我们的隐私存在问题。以下是我个人对隐私的想法，隐私不是一个限定范围内的概念，而是个体对于是否存在选择权，或者说个体是否可以授信、是否授权数据方使用自己的行为的数据。在这方面，马总您怎么看？

马　云： 我是这么觉得的。隐私问题是数据时代必须要跨过的一个坎。今日的担忧，一点都不多余，我认为这些问题一定会解决掉的。汽车刚造出来的时候，所有人都担心会轧死多少人。银行刚成立的时候，人们觉得把钱放在枕头底下比存在银行里更安全。互联网刚出来的时候，所有国家都担心互联网会把社会搞坏。事实上，互联网在不断地完善。数据时代同样，今天我们没有能够处理好这些问题，但我们有能力收集数据、处理数据、分享数据。数据如何成为一种好的产品，既能保护隐私、知识产权，同时又能够服务好社会，我相信在未来 3 年到 5 年内会有突破。所以我自己是比较乐观的，因为我解决不了的问题，不等于别人解决不了，一定会有人解决这个问题的。

吴小莉： 首先把数据准备好，接下来怎么样解决数据隐私的问题？

马　云： 你不去做，便永远不知道它能不能解决，你做了，就可以不断地完善。我自己是一个行动主义者。我对未来乐观，我相信"80 后""90 后""00 后"的孩子比我们更加注重隐私。他们比我们更聪明，他们是生于互联网的一代，他们更懂得未来是什么，所以他们一定会找到一个很好的方法。在我们这一代，60 年代，或者 50 年代出生的人，还停留在 20 世纪的思考中，担心这个，担心那个。我们的担心是正常的，但是我们更应该乐观地看待，年轻的孩子们会解决问题的。我就是基于这些东西往前进的。

林　琛： 非常感谢马总的解答。我还有一个问题。刚才讲到，数据最重要的是共享，其实每个数据孤岛在整个大数据的应用里意义并不大，可能因为中国是一个缺乏开放和共享精神的国家。现在阿里在推的一个跨平台的数据融合也是共享理念的一个体现。对于这个问题你怎么看？

马　云： 对，数据不分享，确实比较遗憾，不仅中国遗憾，我觉得很多国家都很遗憾。因为很多人想不到数据分享能给自己带来的好处，他们总觉得给了别人却没拿回东西。但是你不给别人，怎么拿回东西。所以我觉得我们这个公司，率先跨出这一步，我相信会有越来越多的公司跨出这一步。等尝到分享带来的快乐的时候，数据时代才会到来，我们会冲垮传统、封锁和保守的思想。还有一个很有意思的现象，数据是越用越值钱，它不是一瓶水，我喝过以后，就不能给别人喝了，衣服我穿过了便不能给别人穿了。数据是，我用过之后，你用一下，在增值，他用过后，再增值，也就是越用越增值，越用越值钱。这个分享时代已经开始启动了。

吴小莉： 对数据啊，杨睿尘她是又爱又怕。

杨睿尘： 对。我是做挖掘数据的。在您的描绘下，大数据时代的到来给我们未来生活带来的利益已经显而易见了。人的行为，其实是可预见的。商家通过记录消费者的行为，从而能够非常精准地给顾客进行商品推荐，这都是利，也给我们这些做数据挖掘的小企业带来了一些商机，这些都是非常好的。但是因为数据是被记录的，那么它就有泄露隐私的风险。我们身边有很多例子，包括在座的各位，肯定也有过买房，或者是印刷名片的经历。今天买了房，可能明天就会有装修公司给您打电话，上午印刷名片，下午就会收到代开发票的信息。这些都是数据时代的隐患。淘宝的数据，无疑是大数据。我想问一下，您是怎么看待这些大数据的？然后会做一些怎样的措施去保护顾客的隐私？

马　云：这一年来，我在公司开会之后，听我同事讲得最多的两个字就是数据，所有人都关注数据。这个产品赚多少钱并不重要，但我们未来能不能对数据化提供服务很关心，所以我们公司在数据方面的人才越来越多。数据的打通、分享、使用，已经变成我们的一个战略方向。还有一个问题，就是我们这个社会缺乏诚信的基础。别人如果将数据交给了我，我是有责任去保护这些数据的。在我没有这个能力之前，我会尽量用非常保守的方法去处理、利用这些数据。所以呢，我们希望社会先建立一个良好的信用体系。

　　我们自己在考虑，整个阿里集团未来做什么。我们第一个做的是数据业务，第二个做的就是完善中国的商业和消费者的信用体系。今天支付宝赚不了多少钱，支付宝的核心是为中国建立一套消费者和小企业的信用体系，我们再建立一套真正的市场经济体系。你要问我具体我们怎么做一个产品去解决隐私问题，我讲实话，我不知道，因为我们还没有这样的产品，但是我们一定会有这样的产品的。在有这个产品之前，要把中国的商业社会信用体系做好，市场体系做好，金融体系做好，大物流体系做好，数据体系做好。这五大体系做好以后，我相信我们整个的商业基础架构就出来了。所以我们这几年，反正也不知道该怎么利用数据挣钱，干脆就做一些基础工作，所以才会出现淘宝的评星啊、钻石啊、信用啊。

吴小莉：解决隐私的问题，我们还不够聪明，那么在还没找到解决办法之前，您这种跨平台的融汇，或者是信息的分享是不会进行的？

马　云：不，现在已经开始进行了，只是我没把它变成商品，别人还不能开始随意地利用这些数据。当然我们将来出去的数据，不会是原始数据，一定是加工过的成品数据，然后让别人再去加工。我们必须做到，像银行保护资产那样保护隐私，只有这样，大数据时代对消费者对商家才会有用，我想这是一个承诺。我不一定不会犯错，但是我一定不会刻意犯这样的错，犯很愚蠢的错。所有的企业都会面临这样的挑战，我们会用最大努力去完善它。

平台企业难定边界

吴小莉：您说您的公司现在可能需要社会学家。无论您是要做大的生态体系的平台，还是数据公司，大家可能会问，未来它到底是一个企业、一个社会，还是一个公权力机构？当这个体系越来越大的时候，它的边界在哪里？

马　云：是啊，这也是我的一个很大的困惑。我们淘宝现在有近5亿的注册用户，其中1%是混蛋。就是说有500万混蛋，500万混蛋里面有1%是非常坏的混蛋，每天有5万人给我惹麻烦。我们今天已经不是一个简单的企业，它更像一个组织，更像一个生态系统，所以我们把它定位成一个社会企业。它不是我马云的，不是阿里巴巴员工的，它属于这个时代，它的创造人是"80后""90后"。我几年前跟淘宝人讲，我们今天不是跟中国企业、美国企业竞争，我们这是"80后""90后"的年轻人创造的公司，在跟"50后""60后"创造的公司竞争，在跟时代竞争。今天确实是无边界的，我们做了很多政府该做的事情，不是我们想做，而是我们不得不做。有一个其他国家的领导人跑到我这里说，你这个网站上的注册人数比我们国家的人口都多。我说是的，管理起来够复杂。后来他说："马云我的管理比你复杂，你可以开除你的员工，我不能开除我的公民。"

我今年又找到他，我说你错了，你有警察、有监狱、有军队，我没有，这些人来闹事，都把我给办了，没人帮我，所以我其实也挺难的。但既然做了，它是一个责任，走上了这条路，就没办法回来了。我若不解决，把问题留给李云、张云、王云，他们还是得解决，我只是把问题交给了别人。你要问我们公司的边界在哪里，我不知道，我只是说，我们在做的公司是生于社会、成于社会、服务于社会的。

吴小莉：未来的 5 年，对现场很多青年、学员来说至关重要，他们是带着问题来的。我们看看现场有什么样的提问。

嘉宾一：我是做金融工作的，我在华尔街的同行对我说，企业大了非常棒、非常好。我们中国的银行，我们的中石油、中石化，以及我们的华为，走出去的时候，无论在哪里设分支机构，无论在哪里参与并购，外国的同行都会倒吸一口凉气，这样就好比美国总统说"要打仗了，我们的航母在哪里"。我们看到，今天的阿里巴巴也非常大。那么在这样一个背景下，阿里巴巴未来的国际战略是什么样的？作为中小企业，在跟随您这个带头大哥向前走的时候，应该怎么样跟着您走向更大的舞台？

马　云：我觉得我们中国人思想上有一个误区，老是想走出去，其实把自己家里的生意做好就好，中国就是一个国际大市场。我们没想明白，如果去了美国，我们可以给美国的老百姓带来什么好处，给美国创造多少就业机会；我们到非洲，可以创造什么样的独特价值。为走出去而走出去的企业不管多大，无一成功。今天我们中国的企业从文化、管理、市场能力、运营能力，都还没有具备这样强大的能力和实力，我自己明白这点道理。

全球眼光，当地致胜。我能够把在中国的事情做好，我再考虑我能够为亚洲其他国家做些什么。如果我把中国大陆的中国人服务好，我再考虑我能为中国大陆以外的华人做些什么。如果我把海外的华人也服务完了，我再看看，我能够为世界其他国家做些什么。假如你不能照顾好自己，你是照顾不了天下的。前几年我们也说有一天要为国争光。真正为国争光，就是把自己做好，做美了，让你的员工有荣誉感、有幸福感，让你的企业有尊严。这就是为国争光，我是这么理解的。所以我们现在对全球化的战略想得很明白，我觉得我们还没有准备好。我们公司要走102年，现在才走了13年，还有89年要走，未必一定要在马云身上把全球化做好，时间长着呢。

嘉宾二：技术创新不会对原来的技术产生毁灭性的影响，但是做一个新的商业模式的话，就意味着原先商业模式的改变，甚至是毁灭。一个企业，不管是大企业还是小企业，成功都是基于某一种商业模式，把这个模式固定下来，然后不断地持续赢利。在这样的过程中，怎么样看待以前擅长的东西，和现在产生的新的东西之间的矛盾？在新的时代中的创新，不管是数据时代还是互联网时代，怎么平衡以前的赢利和未来的赢利的关系？

马　云：我觉得这个问题挺好。做企业做人都要有危机感。我告诉你阿里巴巴的无线团队准备怎么创新。我们告诉无线团队，你们的职责是灭了淘宝，你们灭了淘宝的时候，就是你们成功的时候。你不会消灭自己的弱点，你就不会超越自己，那么一定有人就会超越你，把你打垮。在你好的时候，你必须想办法打败你自己，在你不好的时候想办法把自己做强。如果你今天很强大了，你想办法把自己变弱小。这是一个哲学问题，也是一个现实问题。在竞争过程中人们往往容易犯四个错误，第一个是看不见，"没对手"；第二个是看不起，"这破公司"；第三个是看不懂；第四个是跟不上。

嘉宾三： 您好，我是清华大学经管学院的一名学生，我想问您的问题是：您在 2012 年 9 月份网商大会上说，阿里将来有三方面战略，一个是数据，一个是平台，还有一个是金融。我想问的问题是关于金融的。我们知道在中国现有的金融体制下，阿里是不能吸收存款的，那么随着阿里金融的发展，它的钱从何而来？谢谢！

马　云： 不一定自己有钱才可以干，你可以利用好现有的金融体系。假如你想做金融服务，你就必须要有一个银行牌照；你要喝牛奶，就一定要去养头牛，那麻烦大了。中国这么多金融机构，完全可以利用好。中国需要的是一家真正为小储户、小企业、消费者服务的银行，用技术、用数据支撑的银行，我们正在这方面做些努力，希望对金融方面有些促进作用。

吴小莉： 马云对未来有一个畅想，马云的畅想是："相信未来"！

马　云： 还是那句话，我相信今天很残酷，明天更残酷，后天很美好，但是绝大部分人都死在明天晚上。这句话不会错。我相信未来，期待未来，今天所有的一切都会过去，人类还会延续，你不成功，总有人会成功。

对话马蔚华：
变化的世界改变着金融

金融业，它每时每刻都受着这个瞬息万变的世界的影响。如果你不跟上这个变化，那么你的产品和服务就难以满足不断变化的需求。比尔·盖茨说，传统的银行如果不能适应这个变化的话，它就是一群"21世纪行将灭绝的恐龙"。

银行必须适应这个变化，没有人能够左右变化，你只有走在变化的前面。达尔文说，凡是在这个社会上能够存活下来的人，都能够以积极的方式来适应这个变化。

——马蔚华

他曾经是这个领域当中的裁判员、监管者，后来他转身成为这个领域当中最亮眼的"球星"之一。他以一卡通结束了用户的繁琐，又以一网通让中国人了解了网上银行，他是中国最成功的信用卡发行商之一，但是他今天思考的却是要如何废掉信用卡。

他一直在奔跑，一直在颠覆，他说，唯有知道未来，方能做好现在！

对话实录视频

在留给未来 5 年的预言当中,什么行业未来 5 年还具有特别可观的变化性?

金融业。

2012 年,也许是让传统银行业坐立不安的一年。8 月,马明哲在平安(中国平安保险集团股份有限公司)中报业绩会上,云淡风轻地确认和马化腾、马云"三马抱团"成立合资公司。这"三马"分别代表了金融机构、网络企业客户和网络个人客户,再加上这三位商业领袖的个人能量,这中间能产生多少新玩法,颠覆多少旧规则? 这两年阿里金融来势汹汹,互联网金融创新模式也层出不穷。2013 年 1 月,美国专利商标局公布了一项苹果最新的专利申请。未来 iTunes 可能会变成一个小型的贷款银行。

当用户在找不到 ATM 取款机并急需现金时,他们可使用 iPhone 发布现金需求通知,在附近接收到通知的其他用户,可提供其需要的现金。确认收到所需现金后,这笔现金外加一笔服务费将会从借款者的 iTunes 账户中扣除,系统会将这笔现金以及服务费自动转到为借款者提供现金的用户的 iTunes 账户中。

当这一切渐次在我们生活中展开,当所有预言把互联网改造的矛头指向银行金融业的时候,人们对未来银行业的想象力也就忍不住狂野起来。这其中有互联网人对金融业未来的兴奋憧憬，也有银行业人对渐渐脱媒的复杂心情。

那么邀请哪一位银行家来谈互联网大潮下银行业的变化呢？

在中国所有商业银行里，最先正视互联网力量，最先领导网银革新，也是最先意识到 Facebook（脸谱网）对银行业潜在冲击的马蔚华，应该是为传统商业银行发声的好人选。

作为中国的银行行长和国企领导，马蔚华是很有银行家范儿的：衣着时尚细致、细节严谨，语言形象而犀利，总能让人联想起在觥筹交错间、动辄完成大笔交易的华尔街做派。但千万别错过他的两弯眉毛，像两个雄健的引号儿，引人注目地强调着什么；顺带着，眉毛主人的真性情便也跳脱了出来：绝不平庸，雄心勃勃，冷不丁还会蹦出个让你一愣的冷幽默："别倒脏水把孩子也倒出去了。"在央行整顿银行理财业务时他这么提醒着。

在深圳，其他几家银行的深圳总部是扎堆儿的，招行不然，独门独院儿地雄踞在深南大道的另一段上，有些合而不群的意思。招行大厦在深圳依然算是深南大道边上相当显眼的地标。这也暗合招行前些年在顾客心目中的形象：总有些更贴心的服务，总有些与众不同的新派气质。节目录制前，我跟马蔚华就约在招行大厦里做前采。

"不知宏观者无以处理微观，不知世界者无以理解中国，不知未来者无以评判当下。"在招行大厦的顶楼，马蔚华一字一顿地向我重复着这句他自己很出名的话。手上拿着厚厚一沓下属为他准备好的采访纲要。但其实，整个谈话里，他一眼也没看。因为对银行业面对的变化和挑战，他了然于心。

和马行认识得早，他喜欢行走，喜欢思考，过段时间就会把思考所得集结成书，分送各方。在我印象中，他管理业务的方式也是行走，把思考所得一遍遍说给同人听。

面对变革的银行业，需要思想改造。所以就算再忙，他一定巡回各地分行，先改造员工的思想。听过马行讲话的招行老同事都说：绝无冷场。马蔚华还喜欢到大学里免费授课，他说那样可以敦促自己思考。

于是这场前采，更像是一堂银行业科普课："现在银行面临着股票、债券等直接融资等资本性脱媒的压力。"马蔚华说，"更重要的还有因技术变革产生的技术性脱媒。银行业是具有 IT 属性的，新的信息技术革命从计算机到 PC 到移动互联网再到大数据，对银行会产生巨大的影响。这些进步使得一切皆有可能。"他继续说，"而这些进步带来人们生活的变化和需求的变化，也使得银行面临同业竞争外的竞争。"

"变"，是我和马蔚华在前采时出现最多的关键字。马蔚华说，要因势而变，不能坐以待变，甚至要主动求变。这是一个走在金融服务业前沿的银行家的内心话。20 世纪 90 年代末，马蔚华接手招商银行时，正是互联网风起云涌之际，他以这股科技革新，带领着招商银行蜕变。如果要描绘马蔚华的招行时代，那么招行两次变革就是这幅速写的基础结构了。招行的第一次变革，让招行几乎成了网银和双币信用卡的代言人。当别人在混业经营、谋求全银行战略的红海里厮杀的时候，马蔚华带着偏安一隅的小小招商银行走了一步妙棋，找到了零售银行这个市场细分，释放出渠道革命的巨大能量。一家区域性银行一领风气之先，成为仅次于四大国有银行的赢家。如果故事到此打住，马蔚华就是个创造奇迹的战神。但这恐怕也不是马蔚华的性格，居安思危才是他的动力源泉。当商业银行在稳定的存贷利差下，享受着稳定的高增长的时候，2009 年，招行却启动了"二次转型"。这一次，说到底是银行内部管理体制的改革。当马蔚华说出"未来银行业的竞争，某种意义上是管理的竞争"时，他已经看到了中国商业银行未来真正的命门所在。互联网，也许是个催化剂，但释放商业银行和扼杀商业银行的关键，都在于中国商业银行的管理水平能在多短时间内具有能与时代相匹配的水准。

对变化的敏感和开放的态度，绝对是马蔚华身上一个毫无争议的标签。从第一个推出网银到宣称第一个要废掉信用卡片，马蔚华一直在向前看。他说唯有看清未来，方能做好现在。

和媒体上那个对银行信息化、对互联网冲击常放出惊人论断的"潮人"不同，马蔚华并不热衷于谈论那些梦幻色彩还相当浓厚的未来概念。整场谈话下来，他不止一次地打断我们对银行业未来虚无缥缈的想象，提示我们：不要谈那么多离想象还有距离的未来，如何应变才是重点。

也许正像马蔚华自己说的那样，了解未来的可能，只是为了正确地处理当下。有别于大家热衷的想象，在马蔚华心里，打败银行的只会是银行自己，变革银行的力量不来自互联网裹挟下的外部力量，而来自银行内部。

他大方地说：银行和第三方支付，和其他的互联网金融玩家们有大把合作空间。

对于银行业，马蔚华曾看准了第一次风潮，中国商业银行的第二次风潮又是否会像他预想的那样从银行内部发生，还是由一个借着互联网技术平台闯入的搅局者强力颠覆？这个答案，也许并不会来得太晚。

开篇

吴小莉： 对于银行来说，什么是动力，越多越好；什么是阻力，越少越好？

马蔚华： 如果经济发展得好，对银行的需求越多越好；欠账是银行的阻力，越少越好。

吴小莉： 对于银行业来说，什么是命门，要守得越严越好？什么是外围，共享得越多越好？

马蔚华： 银行业最大的忌讳、最大的命门是风险，包括信用风险、操作风险、声誉风险等，越少越好。第三方支付等是银行的外围。

吴小莉： 那什么是趋势，跟得越紧越好？什么是假象，越清醒越好？

马蔚华： 一定要跟上经济、社会、科技发展的趋势，特别是科技，比如说互联网，跟得越紧越好。假象就是那些本来信用不好却装扮成信用好的，去骗银行的钱，这个是一定要识破的，值得警惕。

吴小莉： 在我们今天开始之前，请您先用一句话给我们概括。

马蔚华： 变化的世界，改变着金融，也改变着银行业。

吴小莉： 给您短短的时间，为今天的预判开篇。

马蔚华： 大家都知道，地球有人类社会以前和有人类社会以后，都是变化的。有人类以后，这个世界变得更加瞬息万变、丰富多彩，而这种变化包括经济的、社会的、科技的，它往往会影响人们的生活方式，而人的生活方式必然影响人们对金融业等的需求。所以呢，金融业，它每时每刻都受着这个瞬息万变的世界的影响。

如果你不跟上这个变化，那么你的产品和服务就难以满足不断变化的需求。比尔·盖茨说，传统的银行如果不能适应这个变化的话，它就是一群"21世纪行将灭绝的恐龙"。

在某种意义上说，银行也有互联网的属性。历史上每一次通信的变化、互联网的变化，银行都跟着发生变化。大家都知道乔家大院，在那个时候，票号是靠马车来传递和清算，很慢，后来有了电报、电话，大大提高了速度，但是还沉淀了很多在途资金。后来有了互联网就可以做到即时到账，就减少了客户的资金在压，而且能够满足每一个客户个性化的需求。现在我们的移动互联网正在改变千千万万人们的生活方式。人们不想到实地网点去做银行业务，想在手机上做业务，银行必须适应这个变化。没有人能够左右变化，只能走在变化的前面。达尔文有一个物种起源说，他说凡是在这个社会上能够存活下来的人，都是能够以积极的方式来适应这个变化的人。

吴小莉： 在您的眼中，未来的银行什么会变，什么不会变？

马蔚华： 实际上银行只是承载服务的一个载体。随着科技的发展，特别是通信的发展，这个载体完全可以通过有线电话、互联网，通过智能终端的手机，在手上做银行业务，在电子计算机上做银行业务。

吴小莉： 这就是银行的变化。

马蔚华： 嗯。只要是能接触到银行服务的载体，它就是银行。

吴小莉： 您现在最看重的是什么？

马蔚华： 我现在每天都在研究金融脱媒、移动支付大数据这些，每天做的都是如何转型。

移动支付是未来趋势

吴小莉： 我们知道您推出了电子钱包，希望它慢慢发展，但是电子钱包它肯定有一些限制，比如说它的安全性的控制难度，它现在的金额应该是很有限的。

马蔚华： 嗯，这个我们很早就在做了，2011 年推出两款近场支付的产品，一种是在手机里设定好，一种是 SIM 卡。从互联网的变化看，原来最早是大型机，银行就用了大型机来计算，后来有了微机，每一个人都可以在电脑上做业务了。有了互联网，特别是有了移动互联网，然后配上智能手机，这就可以更便捷地完成这种支付的过程，并形成了一个电子钱包的设计思维。电子钱包实际上就是用智能手机，在现场完成小额支付。

限额我们一般是 1000 块钱，小额支付嘛，当然你也可以限定得更高一点。里边有一个比较安全的系统，比如说有六大关口、三层防护，即使你手机丢掉了，别人也很难用你这个手机，把你的 1000 块钱偷走。所以，对于客户来说是非常方便的。比如说到星巴克喝咖啡，你就不用拿你的信用卡，就拿手机一对（准）就行，非接触性支付。年轻人非常喜欢，买个雪糕、买个电影票这些都可以。

我们的银联为了应对这个近场支付，在全国已经部署了超过 100 万个散付的 POS 机，又方便又安全。

吴小莉： 您会推出这个手机钱包很大的原因，是看到了移动支付这个市场？

马蔚华： 是的。

吴小莉： 有一位对移动支付市场很了解的女士，张萌，她是互联网金融分析师。您认为移动支付的市场有多大？

张　萌： 2012 年，中国移动支付市场的交易规模是 1445 亿元，同比 2011 年，增长 95%，预计未来几年中国的移动支付市场，仍然会保持一个非常快的增长。预计到 2015 年，整个中国移动支付市场的交易规模将会超过 7000 亿元。

马蔚华： 张萌说的这个非常准确，我补充一点。中国智能手机的覆盖面占整个手机覆盖面的比例，可能在全世界超过美国，超过英国，不是最高也是第二了。每个人每天带手机的概率是 75%，智能手机在我们国家起码得超过 3 亿部了。2012 年全球移动支付的交易量是 3000 亿美元，每年增长 42%。估计到

马蔚华和吴小莉

2015 年会超过 1 万亿美元，所以这个市场非常大。原因有三条：第一，智能手机的普及量很大；第二，宽带这种传输的技术不断提高；第三，中国第三方支付的牌照和移动支付的标准，逐渐地形成了。我们 2011 年搞这个（移动支付）的时候，最头疼的是标准，当时银联一个标准，移动运营商一个标准。后来他们从大局出发，合二为一，移动运营商赞同了银联这个标准，这对我们来说是幸事，移动支付有了一个非常好的标准。

未来手机可以取代信用卡

吴小莉： 如果移动手机钱包可以把移动支付的责任扛起来，未来，银行的信用卡其实是可以废掉的？

马蔚华： 是的，2012 年还是 2011 年，我已经放出这个风声了，我说我们招行要第一个废掉信用卡。大家可千万不要理解我不要信用卡，我是把信用卡这种卡片的形式作废了，把这个卡的支付功能移植到智能手机里。我们这个招行信用卡，也经过了 10 年的努力，到 2011 年是发卡第 10 年。

我们在中国第一个推出一卡双币的国际标准的信用卡，应该说老百姓还是比较喜欢的，因为它在境外的刷卡量，以及每张卡的消费额应该说都是领先的。这张卡已经成为一个品牌了。那我们今天能舍得把它废掉，肯定是下了决心的，而这种决心只能是让这个卡发展得越来越好，越来越满足客户的需要，如果影响发卡我肯定不会废掉的。所以我想我们近场支付是第一步。那么如果要让每一个人再方便些的话，信用卡和手机可以和他们家的门钥匙三合一，这是我们的一个目标。

这个东西看起来很遥远，实际上路就在脚下，现在已经开始了。我们2012年11月、12月搞近场支付，不到一个月就已经有几十万客户了，他们卖手机的都卖几十万部了，非常快。因为它符合科技发展的方向，而科技发展的方向会带动对银行的这种触动。

第三方支付加速银行脱媒

吴小莉：手机钱包其实并不是没有竞争对手的。因为很多第三方支付公司也在做移动支付。

马蔚华：这种支付方式方便老百姓，肯定是一种趋势。什么叫金融脱媒呢？就是本来是银行自己干的事，现在很多人干了，银行甚至被边缘化，这就是脱媒。

银行在这个世界上天然有两大功能，一个是融资的中介，就是老百姓把钱存在银行，银行再贷出去，这就是银行间接融资，叫社会融资的中介；还有另外一种功能是银行原来固有的、得天独厚的叫支付的功能。过去银行是独占这个支付功能的，所有的企业、商品交易、服务交易都得通过银行来完成支付。甲企业要和乙企业有商品交易，两家都在银行有户头，然后就在银行（划账）划掉了，就完成了这个交易。历史上这么多年都是这么进行的。

但是最近这几年，由于互联网的发展，出现了一个叫"第三方支付"。这个就是银行的一个技术性脱媒。现在尤其是在淘宝网买东西，可能用银行的支付方式它就很慢，支付宝它就在互联网上随时完成了。对于频繁的、大量的、简单的、日常的商品交易，我觉得这个非常方便。

最近这10年，银行面临两个脱媒，一个叫资本性的脱媒，就是说，银行是个间接融资市场，但是现在由于直接融资，股票、债券、私募基金发展很快，很多人不把钱存在银行了，去买理财产品了，去买债券了，那么银行就不是一统天下了，这个叫金融的资本性脱媒。这种情况对银行来说，需要进一步变革去适应。另一个就是刚刚讲的，因为网络技术和电子商务等的发展所引起的技术性脱媒。

吴小莉：我们这里有一个第三方支付的专家，唐斌自己做第三方支付业务，您怎么看第三方支付未来的趋势？

唐　斌：第三方支付这种方式也在发生非常大的变化，比方移动支付，比如说近场客户支付。我认为第三方支付会有三个方式出现，第一个方式是什么呢？支付的这个工具越来越多元化，支付的手段越来越丰富，比如说你现在可以用手机支付了，未来钥匙圈什么的都可以支付。第二个我觉得它会越来越简便，甚至不知不觉就完成支付了。

但我认为这两个都不是关键，最关键的是什么？最关键的是支付越来越个性化。网络最核心的不是开放，不是分享，是个性化。有人喜欢用智能手机，那也许我不喜欢，我有另外一种特色。我喜欢用我的谷歌眼镜或者我的手表支付，可以吗？这是我最看好的，支付未来的这种个性化，可以把科技和艺术完美统一起来。

吴小莉：支付也可以多元化。

马蔚华： 对。

吴小莉： 现场有一些学金融的学生，有一个学金融的学生想要问您一个问题。

同　学： 马行长好，如果您是普通的老百姓，而不是银行的行长，您会选择银行，还是第三方机构来进行您的交易支付或者是投资理财？

　　还有一个问题就是，您觉得在未来，实体银行是否会消失？网络是否真的能让人们不再需要实体银行？

马蔚华： 银行行长也是普通老百姓。当我是银行行长的时候，我天天管理很多的钱，我肯定要用银行这套系统，实现大额资金的进出。当我是个普通老百姓，我到街上买一个冰激凌的时候，可能我这个 NFC （近距离无线通信技术）比我那个信用卡更好一些，这就看哪个方便，我就用哪个。我绝不会为了银行排斥第三方支付。

　　实体银行会不会消失？当年刚出现互联网的时候，有人构思了一个纯虚拟的银行——美国安全第一网络银行，是虚拟银行。后来人们还是有点眷恋实体的银行网点，还有人愿意专门点点票子，过过瘾。所以人们这种感情、这种习惯，往往不是同时消失的。我们把现阶段的这个状态叫作水泥加鼠标，既有物理网点，又有网银支付，往后就是水泥加鼠标加大拇指，因为智能手机，移动就搁手指上了。这种状态还会存在很长时间，我现在还想象不到，什么时候能彻底把物理网点取消。

　　我觉得各种支付方式、各种金融服务同时存在，比较适合我们这个丰富多彩的世界。

吴小莉： 第三方支付平台当中，大家支付的方式可能越来越少去用网银了。2012 年的一个购物狂欢节，我们发现还有用到网银的，大概超过 23%，也就是说大概有七成的用户在完成这个网上购物的时候，已经不需要使用网银了，这会不会让我们失去了对第一线客户的触觉？

马蔚华： 我觉得每个支付方式，它都有存在的合理性。

我记得我们招商银行好像是中国第一个搞网上支付的。那年，大家对网上银行都感到很新鲜，当时中国只有 2000 万网民。我那年到北大去演讲，讲的就是网上银行。我是觉得北大学生可能不一定对这玩意儿太感兴趣，都关心国家大事、世界大事。结果我一去，礼堂座无虚席。我还是佩服北大的学生，大学生的思想还是很前沿的。然后第一个用网银支付的就是一个男大学生，情人节，他给女朋友通过网络买了一朵玫瑰花。现在有了这个移动互联网，有了第三方支付，可能那个网银显得没有这个来得快了。我相信随着科技的发展，还会产生新的需求，说不定再隔一段时间又有一种新的更便捷的支付方式出现了。

互联网金融打破银行业独占地位是必然

吴小莉： 现在第三方支付公司——支付宝，已经宣布了用信用支付，被称为是网上的虚拟信用卡。信用卡办一个可能还要各种证明，支付宝现在只要有交易数据就行了。这个网络的创新、金融的创新，对于银行来说，压力是不是巨大的？

马蔚华：有挑战，因为过去银行是吃独食，支付领域只有这一家嘛，现在有了新的支付方式，对银行肯定是有挑战的。

但是我觉得是这样的，新的事情出来了，比原来的更方便且被更广大客户喜欢，那么银行本身就要研究这种方式的合理性和必然性，不能坐视这种方式使自己的份额减少。虽然现在第三方支付不可能完全取代银行的份额，但是银行也不能看着自己的份额越来越小，所以得研究，比如银行和这个第三方支付，结成一个合作伙伴的关系。我们现在觉得这种可能性非常大。

吴小莉：你们的合作，利益基础在哪儿？

马蔚华：比如说第三方支付，首先它每个分散的支付最后都要通过银行来解决，是吧？它这个份额越多，它和银行发生的业务也越大，这是很重要的。

再有，2012 年 11 月 11 日"光棍节"，支付宝和淘宝总量将近 200 亿元，这是一个很大的突破，其中有将近 1/4 是通过我们招行信用卡完成的。招行信用卡是承受流量最大的一个信用卡，所以这不都是合作吗？它多我也多啊，对不对？

吴小莉：那现在第三方支付也做信用支付的话，可能招行信用卡就用得少了。

马蔚华：不是，它也要借助我们这个工具啊，它有若干种选择。

吴小莉：支付宝做信用支付，对你们冲击大吗？

马蔚华：肯定有冲击。刚才不是说了那个 200 亿元吗？如果没有支付宝，200 亿元肯定是银行的业务嘛。

作为因技术革新力量将受到冲击而力图改变的传统行业，和马蔚华在《与卓越同行》舞台上的对话没有我们意想中的火药味，他对银行在金融上主导地位的逐渐改变，不仅自知，而且坦然。

我们有冲突，因为它从我们这里分离出了一部分业务，但也完全可以更紧密地共享、合作。支付宝那么多客户，也应该成为我们的客户。因为支付宝它是个支付方式，它只有一些沉淀的钱，那数量还是有限的。假如它的客户需要资金，支付宝不能满足他的资金的话，银行是有存款的，那么我们可以跟支付宝一块儿，满足这些小微客户资金的需求，这是很好的合作方式。

吴小莉：所谓的第三方支付，尹飞觉得它可以成为一个生态系统，甚至成为一个业态。

尹　飞：未来的互联网金融整体的发展，极有可能是以大中型金融机构为主导，还有非常多的小微型的金融企业，这么一个金融生态。提供一些小微型的金融服务，非常小的、个性化的需求，不管是支付，还是其他金融服务，现在这种传统的金融体系是满足不了的，互联网、移动支付的这种技术，就能够为非常小的一部分客户群服务。

马蔚华：我赞成。这个社会不管是企业还是个体，每一个消费者，都有不同的需求，形形色色，单一的银行不可能满足，特别是那些微小的需求。只有通过这种个性的、有针对性的这些小的支付机构可以满足，而且它是通过市场来完成的。

尹　飞：未来，我想，有可能在这个支付上会形成路网分离。一些大的支付公司或者大的银行会形成基础性的轨道，然后这轨道上有可能跑火车，可能跑汽车，可能跑三轮车，最后形成一个丰富的生态。

吴小莉：曾刚好像有不同的想法。

曾　刚：我想强调两点，第一个就是，这种第三方支付所涉及的，在支付体系里面，更多的还是一个小额支付领域，但我们的银行，目前所负责的还是很多大额的支付领域，这个领域的支付结算其实是银行业务的主体。在目前这个核心业务领域里面，第三方支付还不太能够对马行长他们产生真正意义上的挑战。

第二个点是什么呢？一个支付体系其实是多层次的，它可以分好多层，最基础的是中央银行的清算系统，然后在此之上是银行这样的存款、汇率公司，在此之上才是社会公众的，包括第三方支付。所以就算第三方支付怎么跑，它的资金始终在银行里面，因为它自己没有这个结算功能。它有很多交易额，但最后是银行这个账户上的资金增加了。

马蔚华： 所以我乐见其成嘛。它最大的一个好处就是满足了这个社会各种各样的需求，特别是这种分散的、零星的、日常的、繁琐的需求。

未来小微企业业务更有利可图

吴小莉： 我们接下来就来谈融资这个问题。谈到融资，现在很关注的是小微企业的融资。这是一项很大的工作，这几年其实您的银行没有少过想中小企业，您很早就提出要对中小企业倾斜。多小叫小微，您怎么界定的？

马蔚华： 小微企业，要按贷款额度的标准看，贷款需求500万元以下的，都叫小微型。

过去相当长的时间里，银行都是争着要做大企业，主要觉得大企业风险小，因为它信息比较透明，有评级公司的评级，又有信用这个标准，而小的企业呢，特别是很小很小的企业，总觉得它们管理不规范。

过去小企业融资难，不仅是中国的难题，也是世界的难题。我记得那年参加韩国首尔的 G20 峰会，当时会上有一句话，让我印象非常深刻："如果能找到一把钥匙，能够走出危机，能够解决发展，解决就业，解决贫困，那么这把钥匙就是中小企业的成功。"

所以中国这几年，中共中央、国务院下发了很多文件。各级政府、监管当局和各大银行，大家都关注小企业。过去这四五年，小企业贷款的增长比一般贷款的增长都要高 3 个点以上。到 2011 年底的时候，在整个贷款中的比重，小企业贷款额占的比重已经比原来增加 10 个点。小企业在我们国家是非常大的一个经济体，99% 都是小企业，而且我们国家的就业、税收、GDP 它都占很大的比重。

吴小莉：但是银行还是得有利可图、能操作才行。

马蔚华：金融危机以后，国际监管当局推出了《巴塞尔协议Ⅲ》，我们银行术语叫"巴Ⅲ"。中国根据这个《巴Ⅲ》，对银行资本的出入率进行管理。

全球金融危机以后，国际监管当局对银行资本金的管理要求越来越高。为什么呢？因为银行的拨备是可以预见风险的，不同的资产质量，提不同拨备，这是可预见的，出现坏账的时候，就用它来覆盖。但是如果出现比较大的危机，不可预见的，就得用资本来覆盖。这次金融危机的教训就是这样，所以国际监管当局提出了《巴塞尔协议Ⅲ》。国务院根据《巴塞尔协议Ⅲ》又颁布了中国银行的资本管理办法，无论是《巴塞尔协议Ⅲ》，还是我们根据《巴塞尔协议Ⅲ》制定的管理办法，都有一个大家不可理解的事，就是大企业它的风险权重比小企业要大，大企业的风险权重是 100%，而小企业的风险权重是 75%。就是说，你同样做业务，做小企业可以节省 25% 的资本金。

吴小莉：我记得您曾经说过，银行是社会的血液，银行的资金往哪里流动，其实是可以帮助产业转型的，所以这几年你们也非常重视科技型的企业。成长型的高科技企业，往往都是轻资产，没有银行抵押担保的条件。

马蔚华：实际上确实有这个问题，因为银行现行的这个贷款规则，使得银行很注意还款的情况。银行是信用机构，也是商业机构，银行也需要把贷出去的钱收回来，而且有利润，所以银行很注意自己的风险。

大家知道在美国硅谷，像微软、雅虎、Facebook，原来都是有技术没有资产抵押。它们都是靠华尔街的风险资本给它们投资，因为风险资本投进来以后可以跟它共享 IPO（首次公开募股）的成果。而银行就是正常贷款，成功了是付正常利息，不成功的话正常利息没有了，本儿也没有了。

那么是不是这种情况就没有办法解决了呢？我们也想了很多办法，比如有没有重资产，有没有轻资产，包括专利、订单，诸如此类的，我们也可以把它们作为银行质押的东西。

另外，我们最近搞了一个项目，叫千鹰展翼，投贷结合。怎么操作呢？

我先帮你介绍股权投资基金、私募基金，然后你得让他投一点，剩下的缺口，我可以帮助你用其他方法去解决，有一些我给你贷款，有一些可以发债，结合债。这是我们非常重视的一个小企业项目。

而且像这样从银行贷款的，我们都说服政府和科技部门给贴息，我们给当财务顾问，帮助 IPO，然后还帮忙对筹来的钱进行保值、增值，就是银行不光是贷款了,成了一个中介的服务机构。我们这个千鹰展翼工程现在已经支持了五六千家企业,其中有一两百家已经完成上市了。

曾　刚: 在我看来,其实刚才大家讨论的是一类高科技型的小微企业。除了这种企业以外,还有很多涉及农村和服务业的其他小微企业,数量很多。

我们有大量的线下的这些企业,它们和淘宝和京东商城没有关系。这些小微企业目前的服务主体,其实还是银行机构。我们国内现在有 3800 多家银行机构,很多是地方的。这些机构在支持本地的小微企业发展方面,已经做了很多了,而且他们的户均贷款额度比刚才马行长提到的 500 万元以下的规模其实小很多。我们在浙江看到,很多县里面的银行,户均贷款额度都在 50 万元,甚至更低。

马蔚华: 我说的是上限 500 万元,实际上我们非常愿意贷更小的。银行给小企业贷款有三个问题必须解决:第一个是风险问题,第二个是成本问题,第三个是定价问题。

理论上,小企业违约概率高,违约损失率低;大企业违约概率低,违约损失率高。因为大企业受经济周期的影响非常大,有些大企业所在行业受宏观调控,可能它这个资产一下子就变成不良资产了,像光伏产业现在几乎都受到很大的冲击。但是小企业千家万户,它们的产品是人们生活中每天都要用的,是生活必需的,所以这些企业往往风险不见得大。

我给你们举个例子。你们都去过丽江,丽江有很多很多的小街道,两边都是小商店。这些小商店每月需要流动资金 30 万~50 万元。它们完全可以不用抵押,不用担保,它们要我们就给它。为什么呢?它们这些小企业不会因为 30万、50 万就跑了。这样掌握规律以后,通过工厂化、批量化的审批,可以降低成本，降低了风险又可以提高价格。

我们这样做现在看非常有成效。我想如果银行都这样去做，小企业融资难的问题肯定会得到缓解。

吴小莉： 马行长说了是批量去做。

马蔚华： 国际上有先例，美国的富国银行原来在美国银行业排第 10 位，现在就靠做 10 万美金以下的贷款业务，现在是美国第四大银行。

吴小莉： 而且马行长还说了一点，很重要，他现在对小微企业贷款还不一定要抵押。

马蔚华： 对，根据不同的商圈，不同的行业，不同的风险程度。大户不可靠，为什么呢？凡是好企业，凡是大企业，议价能力很强，说你给我贷款，你把价格降下去。这么一来，大企业消耗资本 100%，价格又下浮 10%；小企业消耗资本 75%，价格可以上浮。但是，能不能风险定价，能不能控制成本，这就比银行的本事了。

吴小莉： 我们现场有做科技型小微企业的杨庆。你最希望的投资方式是什么？

杨　庆： 我们理想中的贷款方式，有点像我们家乡的家族血缘关系形成的一种方式。大家不是单纯的商业关系，有一定的血缘关系和信任基础，有其他的一些纽带去关联。这样，他们既可以来投资，使我们得到融资，得到支持，又便于我们去有效地行事。

吴小莉： 说白了就是最好能够支持我们、信任我们，但是我们的管理、我们的方式，不要太多的来干预。

吴小莉：网上现在也可以融资贷款了，尹飞是网上融资的专家。

尹　飞：在中国，网络贷款的起步大概是在 2006 年、2007 年，从最近 5 年的发展来看，已经有了长足的进步。网络贷款，除了一些创业型的网贷平台之外，大家知道的几大电商，最近已经开始在对电商生态里边的这些小企业或者是小店铺进行贷款了。股权融资比债券融资风险大，收益更高的融资平台实际上就是众筹的平台，目前国内已经开始尝试了。只是目前因为监管上的不确定性，这个行业未来的发展可能也还有一些不太清晰的地方，但总体上来说，每年的发展速度都很快。

吴小莉：那创新型的企业在网上能融资吗？

尹　飞：我同意马行长的话，实际上它是个市场行为，取决于融资者他愿意出多高的回报。

社交网站对现代银行是挑战

吴小莉：众筹模式马行长应该也挺熟悉的。

马蔚华：嗯，一个代表网站是 Kickstarter，发明人叫陈佩里 (Perry Chen)，是个华裔美国人。他是期货经纪商，经常搞画廊、搞音乐会。

　　有一次他要搞一个音乐会，在美国新奥尔良州，中途没钱了，就被迫放弃。这时候他脑袋里就有个想法，他想这钱制约了他的创意和梦想，他能不能想个招。他就又创意，搞了一个 Kickstarter 网站。他把他的意图挂在网上。投资来了，很多人基本上都是借钱（给他），享有债权的比较多，然后他就成功了。我记得美国《时代周刊》说，至 2011 年全世界最闪光的、最有影响的一个创造，就叫众筹投资。

第二种是 Circle Up，星巴克的投资人给它投过，很专业的，它是解决小的消费公司的资金问题的，但是投资者投的就是股权，有一定限制。

第三种是人人贷，人人贷公司我们国内也有，拍拍贷。有资金需求的，有资金供给的，可以在网上进行结合，"自由恋爱"吧。我在看到这些网站之前，认真地研究了 Facebook。我觉得 Facebook 对现代银行是一个潜在的挑战，马克在这个 Facebook 里有 8 亿多实名制的客户。这 8 亿多实名制的客户中，有资金需求的，有资金供给的，我们可以通过搜索引擎，让他们有序排列，还有征信（在美国有征信体制）可以风险定价，然后每个人手里有个移动终端。存款、贷款通过定价就完成了，"两个人直接恋爱了"，不需要"婚姻介绍所"了。

这个对银行有挑战，对股票交易所也有威胁。你拿一个项目放到网上，然后它里面有很多人要投资，所以一个项目和投资者也就自动地产生了，这就不用股票交易所了。这个是未来互联网的融资模式。现在三种模式，已经有两种了，一种是银行的间接融资模式，一种是通过股票债券直接融资的模式，如果将来这个第三方融资模式要成立的话，那对我们前两种都是一个极大的冲击。

吴小莉：那如果真的这样发生了，银行怎么应对？

马蔚华：这都是对银行的挑战，但是好像眼前还动摇不了，银行就趁这个机会赶紧想办法。

吴小莉：您想到了什么办法？

马蔚华：实际上这些方式银行也可以参与进去，跟它们结合，将来这些新的融资方式产生以后，我们也可以相处，我们也改变自己——因时而变。

因时而变，才能顺应未来

吴小莉：现在网络上的融资，有很多的特殊性：第一个它不需要抵押；第二个它建立了自己的信用系统。这些系统的成立有一个很重要的关键词，叫作数据。

李成东：银行互联网化或者移动化的一个基础是消费者在互联网化，在移动化，所以银行要迎合这种需求去做。

我认为，金融互联网它肯定也不是简单地把传统的产品转移到线上，绝对不是这么一个简单的转移。真正的互联网产品，是结合用户的一些个性化需求做的一些产品。

现在银行也在做电子商务，因为看到数据的重要性，所以它们做了很多的电子商务，我看建行、招行也在做电子商务，马行，您本人看好这种电商业务吗？

马蔚华：看好，我一向认为这个世界上的企业群有大有小。不同的企业，我们对它的信用风险的判断有不同的依据。大企业的信用风险我们一般通过它的信

马蔚华和吴小莉

息披露，通过第三方评级公司都可以知道的，通过我们对它的贷款的信用记录，可以观察得出。但是对于这些每天都是几千块钱、万把块钱交易额的企业，银行对它们的信用确实很难评级。支付宝、电子商务公司可以比我们更方便地判断它们的信用程度，所以各有长处。

我觉得我们完全可以合作，为什么呢？那些小的、被记录了信用情况的企业，当它们需要钱的时候，如果电子商务公司资金不够的时候，我们可以给电商企业钱，电商企业可以再把钱贷给它们。或者我们一起给这些小客户，满足它们的资金需要，这都是合作的潜力。

吴小莉：姜奇平是长期研究互联网金融的媒体人，您觉得在互联网金融的世界中，这些互联网金融公司跟银行是一个什么样的关系？

姜奇平：我认为将来有合作的机会，其实它们各有优势，从互联网这个角度来看，银行来做小微贷和互联网企业做小微贷有差异，也有相同之处。

从相同之处来说，都是用到了社会资本，就是关系加信任。刚才说到的这个乡里乡邻的关系，包括人人贷，就是一种社会资本，只不过我们过去以契约为基础来做的，现在是社会资本来做的，社会资本可以有效地降低交易费用。

我统计了一下2012年全国所有小微贷的创新比例，其中43%都集中在联保贷款上。联保贷款又是什么呢？就是把被贷款对象放在社会关系网络里边来降低征信成本。

那么目前银行和互联网金融公司的区别在什么地方呢？银行现在已经突破了实物抵押这一步，到了德国小微贷的水平了。德国小微贷是用一种硬信息，主要侧重在金融类信息，去化解这个征信成本的问题。但是互联网金融公司做法基本不是这个路子，它是侧重软信息，也就是非金融类数据，比如说企业存活亮没亮灯、老板是不是携款潜逃了。这种软信息可以以比银行更低的成本来获得。低到什么程度呢？根据整个浙江省的数据，大概是 30:7，也就是同样的征信成本，银行可以做 7 笔生意，互联网金融企业它可以做 30 笔生意。

那这种情况下，它俩到底是掐还是和呢？据我观察，这两种情况都有，如果将来是和，银行把自己的信息业务外包出去，互联网公司可以利用大数据来进行分析，而且它可以把这一块业务做得比银行更专业，但是它不去做金融业务本身，这样双方可以达到一种妥协。

当然也还可能有另外一种方式，比如阿里巴巴可能更深入地进入到金融领域了，那个时候它和银行可能冲突就会稍微多一些。但是我认为从现在的形势来看，蛋糕非常大，足够双方去分。

导读：

在今天，第一代网络新人类渐渐成为主流，他们随时随地和虚拟社交网络连接，从买零食到谈恋爱，大部分事情都通过网络实现。我们不妨想象一下未来网络新人类的金融生活：在未来，搜索引擎大数据、社交网络和云计算会像空气一样无处不在，每一个人出生后的关键信息都被记录下来；不准确信息通过社交网络和搜索引擎被核实或过滤；信息透明，人们在自己的社交网络里，越过中介互相借贷，在网站上选购金融产品——债权、股票甚至进行IPO。无论大额小额，所有支付全部电子化。未来的金融服务能够满足新人类在任何时间和在几乎任何设备上享受服务，而提供服务的，不一定是银行。银行会发现，做金融的对手还有客户的社交网络、个人数据专家、搜索平台以及一系列的支付服务。

吴小莉： 这个世界在变，尤其是金融服务需求在变。因为科技、信息、通信的进步，互联网金融使我们的金融世界产生了一些变化，从 PC、互联网、移动互联到大数据时代，银行的竞争对象越来越多，甚至很多是同业之外的竞争对手。而很多的金融服务是要大家合力完成的。

马蔚华： 对，将来任何形式、任何空间、任何时间，人们需要的金融服务都能得到，但提供金融服务的不一定是银行，还有很多其他的机构，包括互联网、媒体，都可以。

吴小莉： 您对这一点看起来处之泰然，您知道这个变化，您不会坐以待毙，您只会因时而变。

马蔚华： 因时而变是我们的理念。当时我们做零售业务的时候，我们的网点很少，只有 100～200 个，但是我们发现了互联网，互联网实际上给予所有银行的机会是一样的。而这个互联网又对传统的银行有革命性的意义，什么叫革命性的意义？不仅改变银行的产品和服务，还改变银行的模式和思想，我们就这样去做了。10 年后，我们成了一个不错的零售银行，多次获得了最佳银行的奖项，就是利用了这个机会。

同样现在我们也面临这个问题，任何事情都有它内在的联系，任何新出来的一种事物、一种形式，都不可能把另外一种形式完全挤压到悬崖边去，大家都有互相合作的空间，有互相利用的空间，有互相促进的动力。因为世界是大的，是不断变化的，可以有不同的形式，但是金融的服务永远不会被消灭。

吴小莉： 金融服务是每个人的需求，所以它不会被消灭。究竟是谁提供服务，谁比较有本事在未来的金融世界当中提供服务，姜奇平有自己的思考。您觉得在未来互联网金融当中，谁是最适合生存的？

姜奇平：德勤提出了一个金融业务新思维。他们认为未来互联网金融的发展方向是：商务服务加支付服务。据我对国内外的观察，我认为有两个可以看得到的东西。

第一个是围绕金融信息业的服务，或者说金融数据产生的新的发展机会。传统银行和互联网支付结合起来，就可以顺着进入到商务里边去，在电子商务领域里挖掘新的客户，开辟一个更广阔的前景。这是一个方面。

另一方面，它还可以推动金融服务为整个商务服务来服务。我举个美国的例子，从支付卡里可以看出某个人每40天买一支牙膏，那我可以用它来告诉广告商在第39天打广告非常重要。以前银行不赚这个钱，但是今天这个大门向它敞开了。这是第一步，利用金融信息和整个商务服务结合所创造的机会。第二个机会可能在三五年之后，更长远，数据业务会成为整个金融和互联网业务融合的这个行业里的主营业务，那个时候银行和互联网会携起手来发大财。

吴小莉：马行长，刚刚说到一个很关键的点——数据。您曾经说过，其实银行的数据是最多的。

马蔚华：对。

吴小莉：但我们怎么样好好地开发数据，为更多的客户服务？

马蔚华：我记得有那么一句话，除了上帝没有人不用数据说话。大数据时代对银行有一个革命性的刺激和影响，它的确是我们应该重视的，就像当年互联网

马蔚华

出现对我们的影响一样。大数据时代也包括现在的云计算在内，都是对我们的挑战，但是也是我们能够抓住的机会。

吴小莉： 马行长讲得很含蓄，我记得您的那个信用卡还有一个西瓜图呢？

马蔚华： 这个信用卡将来会和我们的手机结合在一起，西瓜会越来越大。

吴小莉： 马行长不敢把商业机密告诉我们，那个西瓜图就是用消费信息做了数据分析。

马蔚华： 对，数据分析。将来通过数据分析我们可以比较准确地了解每个消费者，他需要什么，那我就给他什么。这就是精准营销，这是一个例子。所以整个金融活动要有数据化的支撑才会更加个性化。

吴小莉： 对于未来，马行长有个想法。

马蔚华： 我们招行有一句广告词，叫作"因您而变"，这个"您"就是客户。研究他们什么呢？研究他们对银行不断变化的、不断更新的需求，所以我对未来的畅想，就是我们能够不断地改造自己，跟上这个不断发展的形势，然后针对这些不断变化的需求，不断地创新，能够推出适应、满足他们需求的新的服务方式。如果我们的银行都这么做了，那么未来金融就会跟上这个时代，就能够为我们这个时代服务，不会被我们的时代淘汰。

吴小莉： 马行长要送一句话给我们。

马蔚华： 改变自己，才能创造未来。

对话宗庆后：
新时代里的传统力量

　　实体经济是创造财富的经济。老百姓需要的日用品，是制造业生产出来的，这些需要永远在，所以我认为制造业它永远不会衰退。关键是制造业怎么去创新，怎么去降低成本，怎么去提高使用的附加值。渠道为王，电子商务到后面发展如何，我认为还是有疑问的。

——宗庆后

他出身贫寒，当过晒盐工人，当过推销员，在 42 岁的时候开始创业，用了 23 年的时间，首次被评为中国内地首富。有人说他是一瓶一瓶地卖水卖出来的商业巨人。我认识的他温厚、低调，常有快人快语的真知灼见。在巨大的财富光环之下的，是他朴实而准确的商业直觉。

对话实录视频

为了对话宗庆后，我曾经拜访娃哈哈在杭州的总部。一栋几层楼高的小楼房，是宗庆后卖冰激凌起家的地方。或许是相信起步时的好风水，或许是因低调朴实，他不曾搬过地方，就如同他在《与卓越同行》对话中提到的"不产生效益的钱可以省"，于是盖新大楼从没列在日程表里。

拜访他的那天是个周末，他仍然在办公室里奋笔疾书。据说，他的秘书也得轮班倒才能配合老板马不停蹄的工作日程。当天摄影师帮我们拍了一张特别有趣的工作照：我穿着高跟鞋在他的办公室里和他谈天说地，他则穿着一双中国式的黑布鞋，简单舒适，又接地气。

我特别喜欢他那黑布鞋，就问他："这布鞋穿得很舒服吧？"

"舒服！"宗庆后肯定地说。

"您不讲究名牌吧？"

"我不穿名牌，人家会以为我穿着名牌，不会瞧不起我太穷，是吧？"

我们都乐了。

后来到了《与卓越同行》录影场，宗总为了宣传他现在推广的欧洲名牌商场，穿上了意大利羊毛西装、绅士男鞋。看着他西装笔挺地出现，我会心地笑了。因为我们知道，朴素的他这样装扮，真是应"观众"要求啊。

宗庆后的办公桌上有满满一摞的纸，很多是销售通报，据说有些销售通报他会亲笔写。

"有时间写吗？"我问。

"就把在市场上发现的问题给他们说一说，对他们提提要求！"他不假思索地说，"掌握了规律，写这个就很快，而且市场都是我自己去看的。"

两旁的书架上满满的都是书，而且几乎都是他看过的书。他说他出门多，所以常在机场书店买书，有时间就看，看完了就放在这儿，有的时候还拿下来给同事看。

因为近几年往健康、功能型饮料转型，所以不可避免地在他的书架上有许多养生、中医类的书。令我讶异的是，书架上还有不少风水、面相类的书籍。

说起宗庆后，人们未必以视野和远见标示他，但都说他会算账，而且还往往算得绝妙，愣是能算出比别人多出几倍的利润率。他在《与卓越同行》中如是说：我认为做生意的道理是一样的，解决两个字就好了，谁来给你"卖"，谁来"买"。谁来"卖"关系利益的分配，谁来"买"就关乎消费者的需要。

人们都说浙江人懂得吆喝，会卖东西。马云在网上卖，宗庆后在他自创的和经销商合作的联销体渠道模式上卖，一个创建了新的渠道，一个对传统市场有着敏锐的感觉。

宗庆后不止一次地说："创业时心态要好，我们是小步快跑，比较谨慎地、稳步地去前进。小步不只小，损失也不会太大。事先考虑周到，调查清楚，也不会失误。"他说，"更重要的是，不能脑袋发热，看人家站起来了就发痒，有的钱不是你赚的。但看到机会来了，可能要大手笔投资，那就要快跑了。"

"做生意是要靠一点天赋，我还是有点天赋的。"宗庆后有点腼腆地说，"人家看不到，我们一下看到商机在哪儿。你说我市场感觉好，市场是跑出来的，还得靠勤奋。"他说，"做生意靠天赋，跑市场靠勤奋，做人还得本分，赚应该赚的钱。"

于是，这位踩着布鞋、衣着随性的 68 岁中国首富，兴致勃勃地赶起欧洲时髦，固执地深耕线下渠道，总是引人遐想的。也许，他看见了我们大部分人看漏了的一个未来。

1945 年出生的宗庆后，毫无疑问地，位列新中国第一代企业家。和后来善颠覆的马云、善逆袭的周鸿祎，和能讲故事、爱秀个性的"60 后""70 后"企业家新秀们的风格迥异。像柳传志常说的那样，"要有理想，但不要理想化"。

他们这一代的企业家，是看着样板戏、听着革命口号成长的一代，是上山下乡、把双腿插进泥地里的一代。当编导在后台问他"对你影响至深的三个人是谁"时，宗庆后说出了"毛泽东、邓小平和习近平"。同样的问题，柳传志回答的是邓小平、中科院前院长周光召和他父亲。

他们这一代企业家有着普遍浓厚的家国意识，把经营企业和报效国家相提并论。他们当中许多人擅长从政治伟人身上汲取企业运作的智慧，崇尚强人治理。宗庆后就不止一次地说过："你去看看中国现在成功的大企业，都是一个强势的领导，都是大权独揽。"在他们的企业里，个人德行置于规则之前，他们是独一无二的强人。

这一代企业家有追求，但谨慎而扎实。他们不约而同地强调挨饿的经历，这让他们总是在开拓商业时，牢牢抓住"自己实实在在能吃到多少饭"这个大前提。对那些靠激情鼓动的畅想，他们往往表现冷淡。当马云在《与卓越同行》舞台上激情澎湃地鼓动大家创业自救时，宗庆后冷冷地说，现在创业要有我们今天这个成就，不太可能咯。

不中听，却是实情。"现在大企业瓜分市场了，未来要通过专业化协作把小企业带起来，才能共同发展。"他说。在宗庆后身上，我们或许看不到 IT 精英的激情澎湃和煽动力，但是听他的话，要小心，冷不丁就是沉甸甸的一句良心话，直达事情的要害。

对于再被评为首富，他毫不在意，照样吃食堂、喝茶水。这样的场景我似曾相识：在浙江另一位老一辈企业家万向集团鲁冠球的老办公室里，我也看到过同样勤俭克己的本质。在《与卓越同行》对话中，宗庆后对财富是这样说的："首富对我来讲无所谓，但在国际上提高了我的影响力，给国际交往带来很大方便，因为人家是尊重财富的。"

哪怕是登上《财富》杂志封面的照片，他也是一副随意的普通长辈模样，眼神平和但坚毅中透着强势。这强势又让晚辈多少感到一点熟悉和温暖，因为他太像自己家里父亲的模样。这就是宗庆后，一个让人随时想起家里严厉了一辈子的老父亲，老家长式的中国首富。

和宗总聊天总是能够感受他的温厚，低调而平静，一种底气十足的宠辱不惊。

宗庆后对待未来和新事物的态度，也像极了家中的老父亲：谨慎开放，小心应对，不盲从。节目录制过程中，三个小时下来，面对嘉宾团和观众的连番讨论，他不附和、不退让，择善固执，一副你要么能说服我，否则我绝不随大潮的强硬派头，固执，但可爱。

为了参加《与卓越同行》，宗总特意从杭州单飞了一趟北京。到了现场就一副任我们摆布的模样。进场后看到现场满满的观众以及嘉宾团，他说了一句玩笑话："我看我今天是上当了，我以为就我俩一对一访谈，想不到你请了这么多人，现场有这么多高校的同学，那我就只好班门弄斧了呀。"

后来想想，的确，宗总在接受约访后，连节目形态也没有问过。这像极了他的作风：认准了，同意了，说一不二，准时赴约。

当《与卓越同行》的现场观众问他会不会交班给女儿宗馥莉时，他的回答既在情理之中，又有意料之外的坦白："我可以说民营企业家的下一代，最起码有一大半是不会接班的。"他说，"因为我们这一代人，没文化，从基层慢慢做，艰苦奋斗创业起来。第二代基本出过洋，留过学，看法、视野和我们不一样，有可能开创新事业，不一定看得上我们的产业。"

对于女儿，宗庆后希望她能接班之情，溢于言表。

"您希望传授给女儿什么样的能力？"我问。

"希望她学会企业管理，培养她经营领导能力。因为你给她财富，她没有这个能力，到时候财富也就丢光了。要是你给她这种能力，她会继续创造财富。"他说。

"您觉得她身上有哪些东西像您？"我再问。

"我感觉她比较勤奋，比较强势。"宗总毫不避讳自己身上的强人之势。

说罢我俩都笑了。

他说他现在培养馥莉的方法，就是让她自己去创业，碰钉子。

"这样得到的教训，印象会比较深刻。"他毫不犹豫地说。

对制造业的未来，他百分百地看重："因为实体经济是创造财富的经济，虚拟经济是分配财富的经济。大家都不搞实体经济的话，那财富分配完了，我们这个社会就完了。"

宗庆后的语言魅力或许不及演说家，但他的人生阅历和处世经验，使他说的每一句话总有厚重的分量，一如我在节目开场中对他的描述："温厚低调的他，有着快人快语的真知灼见和商业洞见。"

关于中国商业的未来图景，他给出的答案一如他一贯的个性：不冒进，不性感，甚至有些保守，但仔细琢磨，却能实实在在影响每一个人的现实细节，很有嚼头。

节目播出后，宗总发了一封感谢函："和您对话、做专访已有好几次，每次都受益颇多。在《与卓越同行》节目中，现场嘉宾和观众也给我很多启发，如 3D 打印机、建立网上娃哈哈会员俱乐部等，都是我们今后可以探索的话题。节目中许多观点和思想的碰撞，也会产生新的火花。"

这封信让我想起了一位网友在看完节目后的留言，他说："宗老真的很可爱、很真实。有老一代企业家的一点保守甚至固执，却不绝对。他虽不像年轻人一样充满热情地拥抱新事物，却不拒绝，小心翼翼。"

而谁又能说这不是一种我们面向未来该有的态度呢？

现今年轻一代几乎一面倒地看好电商，疑惑于传统渠道的下一步，大多数的创业者一头扎进互联网世界的海洋。而这个时候，42 岁才开始创业，一瓶水一瓶水地卖成中国首富的宗庆后，却在谋划 5 年内 100 家的线下实体娃欧商城。这一脚，宗庆后踩中了人们的两条神经：一是在传统渠道是否日见颓势的争论下，宗庆后逆流而动，产业继续向下延伸；二是在商业地产并非人人叫好的这个节点上，宣布要自建实体商城。宗庆后下的是怎样一盘棋？

宗庆后办公室里的书柜满满的书

开篇

吴小莉： 宗总是企业家，所以我们一开始问的问题，要从企业的经营开始。做企业，什么钱一定要省，什么钱不能省？

宗庆后： 我想该省的钱必须省，不该省的钱不能省。对企业来说，比如我们，买设备的钱不该省，买原材料的钱不该省，给员工的钱不该省，所以我们买的都是国际上一流的设备、最好的原材料，找最好的员工给他最好的薪资，这样才能做出最好的产品，企业才能够立足于市场，而且能够长期地发展。该省的东西，比如当时政府要求我们造个标志性的办公大楼，大概要花将近 20 个亿，我没有建。为什么？这个大楼它不产生效益，而且建完以后运营成本很高。

吴小莉： 产生效益的不能省，对员工不能省，不产生效益的可以省。

宗庆后： 对。

吴小莉： 那什么权是一定要抓的，什么权是可以放的？

宗庆后： 有句名言：大权独揽，小权分散。对于经营企业来说，经营权、人权、财权肯定是要抓的，其他权可以放。

吴小莉： 那经营企业的时候，什么是面子的问题，可以不要，什么是实惠，一定要要？

宗庆后： 面子有各种各样的面子，消费者的认可是最大的面子。

吴小莉： 您今天要告诉我们：制造业不会衰退，传统渠道仍然为王，为什么？请您为我们简短地说一说。

宗庆后： 实体经济是创造财富的经济，如果一个社会不创造财富，光是分配财富，这个社会肯定是要完蛋的。在实体经济当中，制造业是专门为老百姓生产生活所需要的日用品的，农业是为老百姓解决吃的问题的，这两样东西的需求是永远在的，所以我认为它们永远不会衰退。关键是制造业怎么去创新，怎么去降低成本，怎么样去提高使用的附加值。

渠道为王，我们所有的产品都要通过渠道去卖给消费者，去传递到消费者手里。现在电子商务到后面发展如何，我认为还是有疑问的。我认为传统渠道是不会消失的。

经济大势影响中国制造业

吴小莉： 为什么我们会说制造业有可能衰退，就是因为制造业面临着很多困境。中国的制造业现在到底面临着什么困境？

宗庆后： 我认为制造业并没有面临困境，也不会衰退，因为我们国家这两年主要靠出口跟投资来拉动经济发展。现在经济上有问题了，需求量少了，投资过度了，没法再投下去了，所以让人感觉好像制造业有点问题了。这种状况一下子是扭转不过来的。

但是现在党中央、政府提出来要扩大分配。内需拉起来，制造业肯定又会兴旺发达起来的。经济最基本的原则是分工不同、相互交换。我们国家有 13 亿人口，并不是没有需求，而是很多老百姓还比较贫困，还消费不起。所以，政策扭转过来以后，我认为我们中国的制造业还是有很大的发展前途的，而且有很好的发展机会。

吴小莉： 不过我们现在确实面临着一些危机，比如说制造业的利润越来越薄了，比如说有一些民营企业家、民营企业的创新动力受到了限制，或者是不再有那么多创新动力。是不是确实如此？

宗庆后： 应该说这些年，企业税负比较重。我们民营企业家大部分都是白手起家的，进入的产业是比较低层次的，原始积累也不是太大，所以要转型升级确实有点困难。

第一个，现在已经进入大企业瓜分市场的阶段了。中小企业去转型升级，确实有很多问题，所以应该由大企业牵头进行专业化协作来进行转型升级。这样制造业才能够比较快地恢复。第二个，制造业也需要不断地创新，要不断地提升技术水平，提升产品的质量，提升产品的附加值，因为现在消费者的要求也提高了。

吴小莉：有人说制造业的利润比刀片还薄，我不知道饮料制造业是不是这样？

宗庆后：确实，现在制造业利润是太薄了。

吴小莉：您还是没有告诉我，饮料行业的利润率是多少。我知道在几年前利润率好的时候，您比您的同行要好得多。

宗庆后：我比我同行的利润率至少高一倍以上吧。

吴小莉：我知道您的同行中有一些利润率在 5% 左右。

宗庆后：我现在还有 15% 的利润。

吴小莉：您是真的很了不得！饮料制造业能够做到 15%。

宗庆后：而且我的产品价格卖得并不比人家贵，有的还比人家卖得便宜。

吴小莉：大家能够理解为什么在 2012 年的时候，宗总再度成为中国内地的首富了吧。这让很多做实业的人很提气，觉得做实业、一瓶水一瓶水地卖也能够卖到首富。您得给我们支支招，为什么您能够做到这样，为什么您的利润率会比别人高？

宗庆后：第一个，应该是因为我现在自动化程度比较高，原料进去到产品出来全部自动化。我的一条生产线就几个人，三万人当中只有一半是生产工人，其他一半是销售、管理、研发人员。第二个，确实我的生产效率比较高，因为设备比较先进。生产效率比较高，所以成本也比较低，质量也比较好。第三个，我们都是自己做，上游下游很多事情都自己做掉了。比方说我有机械厂，专门制造自己的机械配件，制造模具。因为模具有一定的使用寿命，买一套模具要几十万美金、几十万欧元，但我自己做就只需要几十万人民币。刚开始的时候，设备要大修，因为那个时候设备很少，修也要花一个多亿，每年赚的钱都给了它。所以后来我们搞了自己的机械厂，把这个问题解决了，我的成本就很低了。规模大了，成本也低了。比如我用 10 亿元作为广告费，如果有 100 亿元销售额的话，那么广告费成本占比为 10%；200 亿就是 5%；300 亿就是 3.3% 了。实际我销售额还不止 300 亿，所以我的广告费只有百分之二点几，我这个成本也很低。

吴小莉： 您觉得别人现在再进入您这个市场，还有您这样的机会吗？

宗庆后： 现在这个机会比较少了，现在已经进入大企业瓜分市场的阶段了。

导读：

对于中国的制造业来说，这几年有点让人看不透：国产汽车企业投资煤矿，诸多家电巨头开发房地产。有数据显示，在2012年中国企业500强中，入榜的制造业企业比上年减少了7家，而这种情况已经连续了5年。另一方面，原材料价格上涨、土地和资源成本上涨、用工成本上涨、能源及运输成本上涨，各种商务成本也一连串地上涨。

不仅如此，外资企业也出现了撤离的现象：某家国际运动鞋品牌关闭了在中国的最后一家直属工厂；而另一家则把全球订单的37%给了越南。世界银行指出，由于中国劳动力成本上升，到2015年，将有数以千万计的轻工业领域的就业岗位流向海外。2011年富士康宣布，将投入百万机器人到生产线上，原先要经过

325名工人才能制造出来的一部产品，现在只要机器人就足够了。高新科技的诞生和换代加速，都将让中国的制造业被迫升级改造。诸多不利因素的叠加，曾经辉煌的中国制造业，在明天该如何走出眼下的阴霾？

吴小莉：您刚才提到，做饮料制造的企业能够做到您这样是很不容易的，大部分企业还是处于薄利多销的状态。在这种情况之下，我们看到，现在制造业很多资金流向了其他高利润的行业。

宗庆后：现在制造业成本确实在上升，税负也比较重，利润也比较薄。再加上这些年来一直没有坚持创新，没有投入研发，产品升级换代也做得不够，所以相对来讲，制造业确实是很难过。其他的暴利行业出现以后，大家都去暴利行业了。可以说，现在制造业企业不做房地产的很少，不去开煤矿的很少，不去炒股票的很少，不去上市的也很少。但是我认为制造业企业如果没有耐心去发展制造业业务的话，那么现在就走到尽头了。我们要重新唤起制造业，发展制造业。第二产业不发展的话，其他的都是空话。

现在第三产业也好，虚拟经济也好，靠的是前十几年制造业发展累积的财富，所以大家才有机会去搞上市，搞虚拟经济，搞投机。结果现在把前面积累的东西全用完了。而且，目前政府也不是太重视制造业，因为房地产业的税收高，土地卖价也高，土地财政满足了政府的财政需要。但这样过分依赖地产维持财政的话，一旦出现问题，国家的日子就会很难过。我想中央也是看到了这一点，所以开始强调要恢复发展实体经济。

政府要采取有力的措施去扶持制造业的发展。我们制造业的企业家们，也要恢复信心，继续在制造业领域中发展。

吴小莉：我记得您说过一句话，就是对于快速累积财富的虚拟经济您视而不见，只一心一意做好自己的产品，做好自己的实业。

宗庆后：人要有自知之明。在创业过程中人的心态确实要好，有的钱是你能赚的，有的钱是你赚不了的，你要硬去赚了，到时候有可能会出问题。

吴小莉：您觉得有些钱您赚不了的原因是啥？

宗庆后：房地产这个事情太复杂了，我不善于搞这种事情，到时候肯定会出问题。我还是老老实实做自己的实业，靠自己在市场中创造效益，这样我很心安理得。

像我现在开这个娃欧商城，四个月我就把这个商场开起来了，从采购商品一直到商场装修四个月就完成了。

吴小莉：我不禁要问，这样子的商场，线下的商场，虽然它是零售渠道，但它是不是也是一种商业地产呢？

宗庆后：房子我是租来的。我们现在在鼓励出口、引进外资，我认为这都是在把财富送给人家。因为你卖东西给人家，人家不卖东西给你，而给了你一个数字，然后让你这个数字贬值，这等于东西白送给他了。所以我一直在呼吁，要鼓励进口，把钱用掉。现在人家没有什么办法解决经济危机，于是就印钞票。钞票印得越多，就越不值钱，最后，我们的一堆财富白送给人家了。财富送给人家，还不如送给老百姓，把这些都分给老百姓多好，也能让经济发展起来。

比方说我做这个娃欧商场，引进国外的品牌。欧洲的奢侈品我们老百姓比较喜欢，这些东西在国内最起码以翻十倍的价格在卖。有的人为了买这个奢侈品专门到国外去，造成了差旅费的浪费，那样税收也到国外去了。所以我把它们弄到国内来卖，而且卖的价格和欧洲的一样，甚至比欧洲便宜，这样既繁荣了国内市场，又让老百姓便宜地买到了奢侈品，同时还让政府得到税收。我想搞这个东西主要是出于这方面的考虑。

国家现在也明白了，要外贸平衡，要鼓励进口。我们不能把辛辛苦苦赚来的钱都送给了人家，而是要好好去赚人家的钱。

吴小莉：美国的外交政策网站上也提到，未来的制造业发展，要看美国，而不是中国，因为中国如果不跟进科技发展的话，中国的制造业会像过去20年的美国制造业一样衰弱。您怎么看？

宗庆后：这话我不相信。前段时间我跟高盛接触了一下，他们邀我去开个座谈会。他们说今后中美两国的经济还会持续发展。我说你们美国也够呛，不可能马上经济就恢复起来。他们跟我说，他们现在在开发石油、页岩气，到2020年之前要从进口国变成出国口，这样可以解决很多就业问题，创造很多财富，节约很多开支，财政会慢慢扭转过来。

说中国要衰减，我也不太相信，因为中国人很勤劳。哪怕政府的政策不好，老百姓自己也会找饭吃，也会去发展，可能就是发展的速度稍微慢点。

改革开放三十多年，前十几年我认为国家发展很快。关键在于什么？六个字：让利、放权、开放。当时中央给地方让利，地方给老百姓让利。地方上给很多企业很多优惠政策，中央财政还没地方财政充裕，所以中央要跟地方借钱。以前对外开放，现在是对内也要开放。你不能搞垄断，要让所有的企业参与市场竞争。标准定出来，符合标准的就可以去干，不用审批。比如民营企业想投资，该不该投它自己早就打算好了，不需要你去审批，所以如果国家能把这六个字坚持下去，我认为经济水平很快就会上去了。

电商平台发展要规范

吴小莉：其实互联网已经影响到我们生活的方方面面。比如果汁这个产品您很熟悉，因为你们也在做，现在有很多的鲜榨果汁小店，您怎么看这样的营业模式？可能人家的产品更新鲜，如果未来连锁化可能还会更快捷。

宗庆后：不光是我这个行业，随着科技的进步，劳动力生产率是越来越高了。像这种模式，我认为能方便群众喝到新鲜的果汁，是个好事情。但是对我来讲它没有太大的威胁。因为它这种产品是季节性的。不是应季的时候他肯定弄不到鲜果，但我可以让顾客喝到果汁。而且我的卫生条件也比较好，品质也比较高。

吴小莉：石萌是一家鲜榨果汁小店的店主，今天也在现场，我们来看看她服不服气。

石　萌：我个人认为我的店是有一定优势的。最大的一个优势是非常快速，非常便捷。当一个用户他想喝一杯果汁时，他可以足不出户，坐在办公室里、打开网页订购，甚至他只需要打开微信，对着微信说一句"我想喝一杯橙汁"。30分钟之后，这杯新鲜榨取的橙汁就会出现在他的办公室了。我认为这个会

　　在《与卓越同行》录影场，宗总为了宣传他现在推广的欧洲名牌商场，穿上了意大利
羊毛西装、绅士男鞋。看着他西装笔挺地出现，我会心地笑了。因为我们知道，朴素的他这
样装扮，真是应"观众"要求啊。

是我的果汁产品的一个比较大的优势。

新鲜和健康可能会是我的产品的第二个优势，从水果的形态变成果汁的形态，再送到用户手中，用时不会超过一个小时，可以说是最大程度上保证用户饮用到了最新鲜的饮品。

吴小莉： 其实石萌这个店它满足了一些人的需求：新鲜、快捷。这是不是饮料行业未来的一个趋势？

宗庆后： 对，这也是一个发展方向，可以解决很多就业问题。但是对我来讲并没太大的影响。任何一个产业内，都不可能出现一家企业把整个市场垄断掉的现象，所以有竞争很正常，而且竞争可以促进进步。

吴小莉： 鲜榨果汁的小店现在可以提供定制化服务，您怎么看？

宗庆后： 那么我们就要开发更好的产品去跟它竞争，这就推动行业的进步了嘛。企业进步了，社会也就进步了。如果没有竞争的话，什么都不会进步。

吴小莉： 最后，石萌，有一个机会让你跟宗总说句话，你想跟他说什么呢？

石　萌： 我有一个问题想要问宗总。我希望自己的店能够通过不断复制和扩张去覆盖更大的市场。所以我想问，我们这样的模式在不断扩张的过程中，如果遇到像您这样成熟的有财力的企业介入，应该如何防范呢？

宗庆后： 如果我要进这个市场我就跟你们合作。我们的资金实力比较足，且不可能天天做碎碎的事情，而你们的资金实力不足。这样我们可以合作。每个国家、每个行业当中，都有几家大企业瓜分市场，小企业确实比较难生存。为什么？因为开发市场的难度比较大，开发市场的投资比较大、风险比较大。所以今后，我们还是要通过专业化协作把中小企业带起来。对一个产业来讲，我认为这样可能才会有更多发展。

吴小莉： 共同发展。他们的小店通过互联网去做销售。现在其实已经有很多东西在互联网上销售了。

宗庆后： 我想网购确实是个发展方向，但是按照现在这种模式发展我认为够呛，不一定能够发展得好。

吴小莉： 为什么？

宗庆后： 现在网购变成了低价的代名词，我认为这不是个好现象。因为低价影响制造业的利润，那制造业就没办法发展，就没人制造产品了，那你还网购什么东西？另外，网店现在国家没在收税，如果收税的话它们就更加艰难。什么营业税、增值税、所得税……现在什么税都没有收呢。靠低价策略去发展，肯定不会健康的。

吴小莉： 网上购物发展的状况会不会影响到制造业的利润，会不会让制造业不好过，或者说，它的前景怎么样？我们现场有一位嘉宾，他就是做电商的廖斌。

廖　斌： 电子商务的方向是没有问题的，只是说现在有很大一部分企业，在这个阶段吸引用户的方法是有问题的。这一点我非常赞同。

其实今天在互联网上选购商品的用户，有 67% 是冲着低价去。有 30% 多的用户对于他所选购的产品是否能够完全满足他的需求、产品的品质及真伪已经非常注重了。淘宝有很多黄钻级的买家，有30%多已经是用从高往低的价格排序来选择商品了。所以低价策略只是电子商务这种形态发展初期存在的一种方式，逐步走向健康以后，它和传统零售业的方式几乎是一样的。

宗庆后： 在网购管理政策发展完善的情况下，我认为还是能够解决一部分消费者的需要的。他们不想逛商场，在网上一找一点，他想要的东西人家就给送上门来了，非常方便。他们享受生活，享受服务。但如果靠低价竞争，使制造业没有利润，制造业发展不了的话，网购模式也是难以续存的。就像没有了鸡，蛋也就没有了。所以网购模式现在如果不规范地去发展的话，我还是觉得它不可能健康地发展下去。

传统渠道不会消失，网络渠道可发展

吴小莉： 我们现场很多年轻人都是跟着您的企业一起长大的。"80后""90后"，他们都开始网购了，您还是不打算开拓网络渠道？

宗庆后： 也不是，我认为这个网络渠道实际也是个发展方向，关键按照现在这种模式发展我觉得肯定是行不通、走不远的。因为网络渠道，照理成本应该要比传统渠道更高，我们给渠道商送货是成批成批送的，而网络渠道是一件一件送的，它成本肯定是高的。

吴小莉： 我想问廖斌，为什么在网上购物会比较便宜？宗总一直觉得他们传统的渠道大批量生产和送货应该会更便宜。

廖　斌：我首先非常同意宗总的一个信条，那就是产品为王。因为产品是整个制造业的核心，但是我们所有的产品都是为了满足用户的需求。刚才宗总谈到了成本的问题，其实电子商务的成本，理论上讲比传统渠道的成本要低很多。传统渠道的成本主要来自于两块，仓储和人力资源。那么电子商务呢，它的仓储成本同样存在，但它的仓储成本会比传统零售的合理很多。它的人员成本同样存在，但它一个人能够面对很多消费者，因为他有计算机的辅助技术在里面。

关于物流成本，我非常同意宗总的观点。比如说我们现在订肯德基，是需要针对物流加价的。整个电子商务随着发展一直在改变。比如说以前，没有哪个网站说不包邮的，但是你看现在，大量的电子商务网站上如果消费不满一定金额，是要消费者自己掏物流费用的。

吴小莉：宗总常被人称道的是您的联销体。您和您的经销商成立的一个覆盖全国的网络。这是不是就是所谓的传统渠道的一个优势？有人说线下销售做得好，线上会比较难转身，您觉得呢？

宗庆后：我一直在跟我们的销售人员说，市场效应关键取决于两个问题。一个是要解决谁来给你卖的问题，一个是要解决谁来买的问题。谁来给你卖，关键是利益问题。给你卖产品的要有利润可赚，他才会为你去卖，所以要合理协调好厂商之间的利益关系。所以我建了联销体，我保证他们的利益，让他们卖我的产品有钱赚，而且没有风险，所以他们始终都很认真地卖我的产品，而且长期跟我合作。我跟几千家企业合作，一起去跟别人竞争，那我在市场上的能力肯定要比人家强多了。

另一个是解决谁来买的问题，就是说产品本身要好，质量要好，不仅概念上要好，包装要漂亮，口感也要好，同时要让消费者知道产品好、好在哪里，所以要做好广告宣传，这样才会有人来买。

有人来买你的产品，卖的人他做你的生意才会轻松又赚钱，这样才能把市场做好。说到我转不转身到线上（销售），实际上，我这个产品不适合线上销售。因为去给我的产品做网上销售的人，他没有钱赚，那他怎么会去做这个生意？

吴小莉： 我们现场有位网络营销专家，朱虹。

朱　虹： 宗总您好。我觉得宗总特别可爱。宗总刚才说的那些观点我大部分都是认同的，但是我有个问题，就是您现在是通过传统的零售渠道去找用户，那您为什么不自己直接面对用户呢？如果做电商，其实您是可以找到您的最终用户的，而且能直接地面对他。他的需求可能会影响到您的产品研发，他可以给您反馈很多有价值的信息，而且这些信息并不是您能通过那些间接的零售渠道快速知道的。

宗庆后： 说实话，我现在还做不到。

吴小莉： 为什么呢？

宗庆后： 没有一个厂家能够直接面对所有的零售店。在中国，我现在做不了这个统计，起码几百万家零售店肯定是有的。一个企业要面对几百万家零售店，我认为是绝对做不到的。

另外，我认为社会是要分工的，有钱大家赚，有事大家做。一个人做不了的事情你却要自己一个人做，你也做不好的。

吴小莉： 那您未来会应用互联网的技术做些什么？我知道您以前利用互联网做过推广。

宗庆后： 现在我们的管理已经全部信息化，全部在互联网上进行。全国那么多厂，那么多经销商，没有信息系统我根本做不了。

王　川： 我们现在观察互联网，如果把它当作一个广告平台的话，非常不科学，因为它有很大的局限性，不可能取代一些传统的广告渠道。但是我认为，互联网在营销上的功效是传统媒体没有办法做到的。

想想看，假如中国有10亿人是娃哈哈的消费者，但是哪一种广告传播可以打到10亿人？不可能。假设10亿人里面有3.3亿人习惯在店里买了娃哈哈的饮料之后扫描上面的二维码，做积分，通过娃哈哈的平台做兑换，成为会员。我们就可以建一个前所未有的娃哈哈所有消费者的聚合，我们就可以给这3.3亿人随时随地地传递娃哈哈新的产品信息、新的促销信息。

而且消费者可以一次买20个产品的二维码，积累积分，兑换礼品，然后一次一次在店内消费。我认为这是可以实现的，你只要一个APP就好了。在未来三年五年之内，这种零售业的传统渠道跟电子商务的融合，我认为是会发生的。

宗庆后： 可以的。这正是我们在做的，可能方法上更多种多样一些。我们也跟腾讯网搞这类活动。实际上现在网上做广告很复杂，它的到位率是有问题的。一个是网址太多了，另一个是内容太多了，人家不点到这个地方，就看不到你的广告。这个也很有讲究。

王　川： 我想再补充一点，我刚才那个建议其实跟广告没有关系。我建议的核心是利用现在互联网的技术，把你既有的消费者联合在一起。那么，实际上你就不需要事前投广告去推广你的这些活动，而只需要在消费者消费产品的过程中告诉他，并且在后台准备一些可分享的利益，比如说他可以兑换腾讯的积分，或者兑换网易游戏的某种道具等。在这个过程中，我们不建议在这个领域投广告，广告还是应该投在产品上面。

宗庆后： 嗯，我认为电子商务它是有发展前途的，但是要健康地规范地去发展，这是一个。第二个，传统渠道它不会消失，不会因为电子商务的发展而消失掉。

吴小莉： 你觉得传统渠道的优势在哪里？

宗庆后： 方便。它最大的优势是方便。

吴小莉： 从您的行业来考虑，您觉得它是方便的？

宗庆后： 我刚才说了，因为我的价格太低了，不能支撑电商的运营，所以网店不会来卖我的产品的。

农村、城市消费能力相当

吴小莉： 宗总常常会去市场第一线看一看，所以很多人说他看市场的眼光很准

　　有人跟他谈互联网的渠道优势，有人跟他切磋 3D 打印机的颠覆力量，有人强调电商必然一统未来的愿景。宗庆后没有对未来的这些畅想摆出一副热烈拥抱的表情。三个小时下来，面对嘉宾团和观众的连番讨论，不附和，不退让，择善固执，一副"你要么能说服我，否则我绝不随大潮"的强硬派头，固执，但可爱。

确，我们很多人都愿意跟着您的眼光去看现在的消费市场。您可不可以告诉我们，您觉得未来的市场什么是您最看好的，或者哪几个行业是您最看好的？

宗庆后： 应该说每个行业我都看好，关键在于怎么在这个行业内做。要不断地创新，要摸准消费者的心理，去迎合消费者需要，才能做好。你若不管消费者需要什么东西，我认为你肯定发展不好。另外，你还要去引导消费者消费。

吴小莉： 引导消费者去消费，这是一门学问。您有没有什么招可以跟我们分享？

宗庆后： 在跟所有消费者的交流过程中，要了解他们有什么需求，然后引导他们往这个方向走，引导的关键在于你的想法人家能不能接受。以前是东西口感好就可以了，价格便宜就可以了，现在人们收入高了，生活也好了，很多毛病都吃出来了，怎样通过喝饮料把这个毛病弄回去，我现在在研究这方面的东西。比如通过生物工程生产保健饮料，使你喝了我的饮料不会出现毛病，使你的身体健康。现在的人都希望健康长寿，你如果能满足他的需要的话，你的生意肯定会好。

吴小莉： 刚才宗总说了健康的饮料。我们现场有位消费专家张英杰。您认为健康饮料未来的市场如何？

张英杰： 这个市场确实是存在的，而且未来功能性饮料会占据市场更多的空间。一些垃圾饮料可能会渐渐在市场中被淘汰，所以定位如果清楚的话，功能性饮料、保健型饮料，应该可以占据半边天。

吴小莉： 您觉得农村市场的消费能力，以后会跟城市越来越趋近吗？

宗庆后： 现在应该已经差不了多少了。现在到处都有有钱人，到处都有穷人。城市里也有穷人，农村里也有富人。

吴小莉： 张英杰，您觉得这两个市场未来会有一些什么新的变化？

张英杰： 其实农村消费能力跟城市还是有一段差距的。在未来的 5～10 年中，这个差距还是会保持着。宗总说他在一二三四线城市都会清楚地定位销售模式，那就要把它切得非常清楚，才不会产生不良的后果。

宗庆后： 实际上农村和城市的消费能力是越来越接近了。农村的消费能力在提高，虽然跟城市还是有差距，但是农村人口比城市人口多。

吴小莉： 它市场大。

宗庆后： 对。农村的市场大。像我们这代人已经节约勤俭习惯了，不会去过度消费。像我也算是有钱人了吧，但是要靠我是拉动不了消费的，我很少消费。我吃的都是食堂饭，就每天消费两包烟、三杯茶，我也没有什么工夫去消费。所以拉动消费主要是拉动年轻人消费。但是年轻人收入又不高，所以必须要增加他们的收入，才能拉动消费，拉动经济增长。

现阶段创业难，实实在在做点事

吴小莉： 现场嘉宾除了来听您的一些想法之外，其实是带了问题来的。我们来进行现场提问。

嘉宾一： 宗总，我这个问题可能有点棘手。假如说，你现在回到 42 岁，就是在今天，以你当年的人脉、当年的资金去创业，你觉得有没有可能成功？

宗庆后： 我感觉可能性比较小，几乎是没有可能。因为我们那时是个紧缺经济的时代，我做什么事情，只要我们敢做就能成功。现在是过剩经济时代，市场竞争很激烈，没有大的资本投入，根本不可能去创一个比较大的事业。所以我感觉，我现在开始去创业，成功的可能性不大。

吴小莉： 您这样回答让我们很多现场的创业者很受打击。我想再追问一下，有没有什么方法可以突出重围？

宗庆后： 我讲的都是实话，我不会去忽悠他们。现在拥有创业成果的有两种人：一种是像我们这种小打小闹、逐步发展起来的；第二种是有文化的，在纳斯达克募集一部分资金，互联网行业就是这么发展起来的。但现在这两大办法都已经不行了，所以现在是没有资本去创业的。现在要创业你就要创新，你要脚踏实地地去做。其实你在企业里做，到最后做成一个职业经理人的话也一样的，等于资本是人家出，这个事业是你在创。我觉得今后职业经理人的收入会很高，而且老板会把股权分一点给职业经理人，这也是发达国家的一种惯例，我想中国企业逐步也会走到这一步。

嘉宾二： 现在政府一直在鼓励创业，但是如您所说，现在的时机和市场都有了变化，特别是当前情况下创业需要很多东西，希望您能给几点建议。

宗庆后： 创业的机会也是有的，但是要从小做起，从人家没有做的事情做起。

好高骛远的话可能就没有机会了。比方说第三产业，你去企业的话，我觉得还是有机会的。在农业内创业，也是有机会的，你创出点新的技术，也是有机会的，但你一开始的资本会比较少，所以得从小做起。

吴小莉： 以您的眼光来看，未来还有没有机会，还有哪些机会？

宗庆后： 机会应该每年都有，到处都有，关键在于你会不会去把握这个机会。从小生意做起，我觉得这样也是可以开始的，到时候你再去变通。首先你要积累点资本，你才能做一点大事情，但不管是做成大事还是小事，都算是事业，所以有的时候心态要好。你不能说自己一定能够做到什么程度，所以目标要及时调整。像我这么过来，也是不断在调整目标的。

嘉宾三： 2012年的年度经济人物，联想的杨元庆，还有万科的郁亮作为第二代接班人，都登上了宝座。那娃哈哈作为一个民族的品牌，您对这一块是怎么考虑的，有没有这样的职业经理人的规划？还有，作为我们这个民族的品牌，它怎么样能基业常青、立于中国、走向世界？

宗庆后： 我想我们也不必刻意去追求这些东西，我们还是实实在在干点事情。实际上我们有人接了很大一部分班了，很多新的产业是他在弄，我原来的饮料产业他也分管一部分。

我现在已经培养了一大批职业经理人，都是我自己培养的，跟着我干了十几年，将近20年，而我整个公司也就25年。你说我没有副总经理，实际上我副总经理很多，我的部长就是副总经理。在一般的企业，管财务的也是个副总经理，管生产的也是个副总经理，而我的生产部长就管了生产，我的财务部长就管了财务。而且我也培养了很多分公司的总经理，职业经理队伍已经基本上成形了。如果说现在大小事都要我去管的话，我24小时不睡觉也管不了。而且我有68个基地，分布在全国各个地方，甚至拉萨都有了，边疆地区都有了，你说我能管得到么，其实都是职业经理人在管。

而且娃哈哈是全员持股，员工既是员工又是老板，他们是当自己的事业在干。一家企业搞得是好是坏，企业经营者是关键因素，不是说一个人能干就能把这家企业搞好，还是要靠全体员工的共同努力才能把这家企业搞好。

嘉宾四：很多大学生刚毕业的时候都眼高手低。我想请教一个问题，大学生刚步入社会、刚就业的时候需要具备哪方面的心理准备？

宗庆后：实际上我们每年都在招收大学生，每年都招200名左右的大学生。我们不断地在培养人才，因为企业不断地在发展，就有不少的人要提拔上去担任领导。我首先跟大家说，你大学刚毕业时不一定能胜任我这家公司的工作，关键的是你要勤奋、认真、主动学习，逐步去适应这个工作，能够去做好这个工作。

还有，在我们公司收入也比较低，我给大家先打个预防针。你在我们公司目前肯定是贫困阶级，你要通过努力才会富裕起来。另外，我们会找老职工给你帮扶一下，因为你刚到一个新的环境，很多地方都不适应。

我们也会给你分配与所学专业比较相符的工作，同时给你制定一个职业规划。在哪个方向你是有兴趣发展的，那么尽量安排你做这个方向的工作，这样你有兴趣发展就会去努力。同时在生活上也给你一定的关心，解决你的吃住问题，使你感觉到，到了娃哈哈就是到了一个大家庭，让你能安心地去发展、去

宗庆后

创造。

吴小莉：宗总，如果您让子女接班的话，你会给接班人一句什么样的忠告？

宗庆后：应该说我女儿现在很勤奋，工作也很认真，脑子也很活，但是我感觉她有一个问题，就是美国文化接受得多了一点，不能够以人为本。这两年她也慢慢在扭转。所以我要求她：要把这家企业搞好，就要相信、依靠全体员工，调动他们的积极性。这是最重要的。

吴小莉：现场嘉宾也带来了未来 5 年的畅想，他们希望：未来的 5 年是经济复苏的 5 年。未来的商品更加注重健康；实体的连锁商场也会迎来一次转型，从追求有与无变成好与坏；传统渠道的优势将逐渐地被淡化；未来的农村会成为市场的消费主力，电子商务将会到农村；线下体验，线上下单，当消费者回到家，订单送到；消费将更大胆，生活将更富裕。

宗庆后：我认为最根本的是，老百姓安居乐业，生活更加幸福。所以我想政府考虑到这一点的话，后面所有的政策可能都会符合老百姓的需要，我们国家会更加繁荣富强，经济会更加发达。

吴小莉：宗总刚才说的这句话，其实是他未来的希望和畅想。

宗庆后：我想这肯定也是大家的愿望：生活越来越幸福。

对话刘永好：
新农业的未来变局

　　中国的农村、农业正在进行伟大的变革。全国人民的收入要翻番，首先农业产值就得翻番，农民的收入就得翻番。农民的收入翻番靠什么？必须靠转型，靠现代农业，靠规模化，靠产业链，靠合作经济组织，靠公司、农户、农民的联合。通过我们不断地努力地改变传统的农业模式，我们的龙头企业会得到进一步的发展，我们国家这种农业的格局会发生根本的变化，我们的农村合作经济组织也会得到进一步发展。

——刘永好

他是教师出身，兄弟四人凑了 1000 块钱养起了鹌鹑，结果成了世界鹌鹑大王；后改行做饲料，又成了中国饲料大王；之后他又被称为养鸡大王、养鸭大王、养猪大王，甚至金融大王。但是他说他现在不想再做大王，想做世界级的农牧企业，同时成为这个行业当中的引领者、创新者和服务者。

对话实录视频

　　说起刘永好，商界的朋友都知道他是农牧业大王；行内的记者朋友聊起来，也常常感慨：刘永好是个肚子里有东西的人，就是不像互联网人物那样会表达——说农牧业像在谈他学的机械制造般，一板一眼。

　　我最早认识刘永好是在中国光彩事业促进会的颁奖会上。中国光彩事业促进会是1994年刘永好和其他9位民营企业家联名倡议，在民企逐渐被官方和大众认可之后、反哺于社会的公益行为。

　　而让我印象深刻的则是另一件事。在任工商联副主席时，刘永好积极争取民营企业上市的机会，最终工商联获得了一个上市份额。当时很多人觉得这份额自然会落在争取名额贡献重大的刘永好身上，但刘永好为了避嫌而推让了这个机会。他的做法使得当时的工商联和四川省领导大为感动，四川省政府将当年仅有的三个上市指标中的一个交给了新希望集团。这个故事在四川省内广为流传，刘永好的宽厚也由此散布。

　　在一般人脑海里，农业是一个日常生活离不开却不怎么吸引眼球的行业。直到这几年，大量资金开始涌入农业，使得这个行业在商业新闻中争夺到更多的热门版面。

　　有人做过这样的估算，当中国的城市居民在享受与美国人无太大差别的21世纪信息化文明时，我们的农业水准还停留在美国工业化初期的水平。而与此相对的，是另外一个现象。2010 年起，中国的城镇人口超过了农村人口。城市吸纳了农村最强壮的劳动力、最有技能的劳动力。那么，中国的农业正在由谁支撑？

而对于大多数人来说，农业可能也很难引起他们的关注，更没有多少人真正体验过一个农民的生活。但如果把话题换成食品，或许事情一下子就不一样了。眼下的中国，即使是街头巷尾闲来无事的退休大妈，也可以如数家珍般地数出一连串的化学名词。这已经成了一个让人尴尬的笑话，中国人在食品安全的新闻中完成了化学扫盲，常常是一顿饭下来，大家可以一边滔滔不绝地细数各种食品安全的陷阱，一边镇定自若地吃着刚刚被数落过的食品。也是从这里，我们开始反思不常被想起的农业。毕竟，农业是这一切的源头。

中国人的未来，少不了农业这一环。不管资本下乡、农业投资如何热闹喧腾，真正的农业，在骨子里还是个寂寞的行业，不性感，也没有一夜暴富的奇迹。像地里的庄稼，顺天守时，遵循着自然的节奏缓缓生长、扎下根基。在这样的行业里，未来是一个漫长的酝酿的过程。往往最能说清楚未来的，不是那些意气风发的新入局者，而是在行业里扎根已久的老江湖。

请刘永好说大农业或许并不全面，毕竟 30 年来，他一直专注耕耘着养殖业上下游产业的纵向整合，农业的其他诸多版块，他并未过多涉足。但是作为中国改革开放之后的第一批民营企业家、中国最大的农业民营企业掌门人，自有他因缘际会之外的深刻思考。

前采那一天，我们到了新希望集团位于建国门的北京办事处。上班时间，刘永好穿着既休闲又正式：羊毛衫外套休闲西装、配蓝色牛仔裤、一副 smart casual 款、时尚年轻人的模样。

　　和他聊天，由一个小范围聚餐开始，彼此闲话家常、探询近况。谈起农业他立即眉飞色舞、侃侃而谈。餐后编导组加入，他反而沉静得多。我坐在他对面琢磨着，为何同行们很少用善谈来形容他。刘永好的"不善谈"是有些孩子气的，像是被带到了陌生人面前的孩子，抱着谨慎的狡黠，用四平八稳的说辞把自己保护起来。那天是个冬日暖阳高照的大晴天，女儿刘畅就坐在他身边。

　　这位留洋归来的新派 80 后，对很多话题自然就接过去谈，表现得镇定大方。这时的刘永好，便像是卸了个大包袱，眼神不自觉地瞟向巨大的落地窗外，看着云彩，眼睛里也是孩子似的欣喜。他几次按捺不住似乎想要起身，待到谈话终于结束，第一个站起身来，掏出手机走到窗前拍照，嘴里一边兀自嘀咕着：今天的风景真好、真好。这个时候，你无论如何无法把他和一个净资产 38 亿的四川首富联系在一起。他是那么乐呵、看上去如此年轻，让人丝毫感觉不到一手掌握着中国最大民营农牧帝国的沉重。

　　对于自己看上去年轻一事，他毫不讳言而且理直气壮："朋友都说，我看起来很年轻，其实我已经年过 60 了。我状态还比较好，靠一个好的心态和吃肉吃得多！"刘永好不忘为自己从事了一生的产业做宣传，而他的年轻显现在他的衣着、更在他的心态上。

　　马云说商业是一门严肃的学问，而刘永好，显然在这门功课上拿到了一个很高的分数。创业于改革开放刚刚兴起的 20 世纪 80 年代初期，按刘永好的话说："当时创业的很多企业都不存在了，有的老板进医院了，有的老板进法院了。但不管怎么样，我们还健在。"何止健在，近几年的富豪榜，刘永好一直稳居前列。当同时代的企业家大都无可奈何花落去的时候，刘永好却一直保持着高歌猛进的势头。作为一个成功的商人，他有欲望、有野心，敢于冒险，够勤奋，更重要的是，聪明。这些特质，相信是令他年过六旬仍然保持着年轻状态的原因，也是他能够屹立潮头 30 年的秘诀。

　　当我再问他为什么学机械却投身农业时，他回答得直白："中国的开放是从农村开始的。那个时候其他都不准做，只有农业可以做。"套用一句 80 年代的流行语，有一颗"驿动的心"还不够，要成功，还得再加上一双审时度势的眼。

刘永好参加节目时，女儿刘畅随行，刘畅笑着说是来观摩学习的。看得出父女俩深厚的感情。刘畅形容自己的父亲"是一本商业的活字典，很多答案在他那里都可以找到一个当下的正解"。在节目录制现场的后台，即使在上场前短短的化妆时间，刘永好仍不停地和助理讨论和核实各种数据。和他讨论一些行业现象时，他就像一个智能数据库，随口便能援引一大串相关数据和资料作为论据，仿佛这些东西一直长在他脑子里——仿佛他永远处于工作或准备工作的状态。

对于女儿，刘永好说，刘畅在很多方面是他的老师，"她经常教给我的是关于时尚的考虑，关于怎样跟年轻人沟通，关于企业文化的组织，关于如何国际化的一些思路，这些正是我所缺的。"一旁的刘畅则说她觉得父亲"是一个充满了时尚心态的企业家"。我看着录制节目时穿着条纹毛衣与西装混搭的刘永好，咀嚼着他的言谈和 30 年的从商历程，觉得刘畅的这句评价，正中红心。

马云宣布退休当日，刘永好也到杭州助兴，仍是一身 T 恤牛仔裤的年轻人打扮。当晚和柳传志、牛根生、王潮歌、马云一起登场，饰演"西毒欧阳锋"。除了登场助兴外，大部分的时候他都是自备相机，看到精彩画面就充当摄影师，为大家留下难得的瞬间。都说刘永好心态好，即使多次被标榜为某某大王、几次成为中国首富，他是既不看低自己、也不把自己看得太高。杭州归来没多久，他也宣布加入提早退休的行列、交班给女儿刘畅。他在股东大会上说"公司经过多年来的发展，需要一个新的、更年轻，更专业的团队来实现公司成为世界级农牧企业的愿景"，这让我想起我认识的刘畅：时髦、自信、典型的 80 后新人类。有一回她兴致勃勃地给我看一张她着全身"消毒服"到养猪场调研的照片，跟我畅谈科学化养殖；再有一回我问她有关乳业的事，她从奶源到经营说得头头是道。

　　谁说农业话题不能性感迷人？农业未来的蓝图，也许在像刘永好这样的企业大佬脑海里描绘着，但农业的未来是在刘畅他们手里实现的。当越来越多的年轻人把目光投向这里，中国人舌尖上的未来或许会有全新的思路。

刘永好、柳传志和吴小莉

开篇

吴小莉： 您是做农牧业的，那么在饲养的时候，什么越肥越好，什么越瘦越好？

刘永好： 以前说养肥猪，养得越肥越好。不是的，现在都希望瘦肉、肥肉适当。

吴小莉： 那么对于农业来说，什么越集中越好，什么越分散越好？

刘永好： 比如现在我们的畜牧业正在集中。现在几头猪、几十只鸡地养显然不行了，必须有相当的规模。

吴小莉： 那对于农民来说，什么越多越好，什么越少越好？

刘永好： 收入越多越好，问题越少越好，病虫害越少越好。

吴小莉： 对我们中国未来的农业您能用一句话进行概括吗？

刘永好： 现在中国的农业正在进行伟大的变革，这个变革就是转型，就是规模化、产业链化。这个转型能够极大地提升农民的收益。

吴小莉: 将有怎样的巨大变革？请您先为我们的讨论做一个开篇。

刘永好: 大概在几年前，我认真地在国内各个地方做过调研，调研我们的工厂、我们的农村等，我们得出一个结论，中国的农业正在进行伟大的变革。

"十八大"刚刚讲过，到 2020 年，全国人民的收入要翻番，而全国人民的收入要翻番首先农民的收入就得翻番。农民的收入翻番靠什么？必须靠转型、靠现代农业，靠规模化，靠产业链，靠合作经济组织，靠公司、农户、农民的联合。通过我们不断地努力，改变传统的农业模式。

而在这个伟大的变革过程当中，我们的农民朋友会得利，收入会提升；我们的龙头企业会得到进一步的发展，我们国家这种农业的格局会发生根本的变化；我们的农村合作经济组织也会得到进一步的发展，这就是社会主义现代新农村的格局。

我认为这就是伟大的变革，为此我们正在做准备，我相信我们在座的各位朋友你们也在做准备，准备参与到这个伟大的变革中去。在变革过程中享受这个过程，服务于大众，得到价值。

吴小莉: 您刚才提到，现在这个巨大的变革的原因是有了动力，有了三股大的能量。

刘永好: 对。

吴小莉: 这三股大的能量分别是什么？

刘永好: 第一是市场有巨大的需求，老百姓要求东西要多，种类要丰富，价格要低，还要东西安全，这是市场需求。第二是政府提出了伟大的号召，希望要收入翻番，农民收入要增长。第三是我们的农民朋友有这样的信心、决心，要增加收入，我们的农业企业规模要发展。社会的需求，政府的引导，企业农民自身的愿望结合在一块就形成三股大的能量。

全产业链保证食品安全

吴小莉：在您描绘的未来的现代化农业生产中，食品安全是越来越让人放心呢，还是让人担忧？

刘永好：最近这几年确实出了不少食品安全的问题，其中有些是历史上就有的，有的是最近这几年，或者是现代化以后冒出来的。但是不管怎么样，现在老百姓基本上吃饱了，也吃得好了，在吃饱吃好的同时，对安全的要求也更高了，我觉得这是对的。

我年轻的时候，在农村插队，一年大概能够吃一两次肉。有一次，我去修河，累得半死，听说要吃肉了就特别高兴，后来问了一下才知道，我们生产队买了两头死的瘟猪。那个时候有瘟猪肉吃、有死猪肉吃也是好事。现在不一样了，现在我们不仅要吃得好，更要吃得安全。这是老百姓的要求，我们必须要提高这样的意识，就是要生产更加安全的产品。

那么怎么生产更加安全的产品呢？这对我们食品生产企业、对全国的农民朋友来讲是一个挑战，但也是个机遇。

吴小莉：用什么办法呢？

刘永好： 可建立一个体系，把各个环节分解，按照一定的目标、一定的任务一个一个去完成、去落实，这样就能够保证。

安全是最重要的、最根本的观念，企业要有良心，要有责任，同时要严加管控。要让那些违法生产的，或者是乱添添加剂的、不负责任的企业受到严厉的惩罚。在这种情况下，我们的食品安全就会逐步地好起来。

吴小莉： 您刚才提到很多关键点，要在每一个节点上都要做好。那么您是怎么做的呢？是用产业链的方法来监督的吗？

刘永好： 那当然了，监督要从种苗开始。种苗本身，比如猪苗、鸡苗、鸭苗本来就带病、带菌，那显然是不行的。种苗一定要好，这是第一。

第二我们养殖的环境一定要好，不能有污染，周边的环境也不能污染。还要防止交叉感染。有些人到种猪厂去，或者到一些养猪厂去，一般是不让进的，再大的官都不行。你必须要清洗，你必须要隔离，要两天以后才能够到这个养殖区域去。这是科学的做法，而且必须这样做。

吴小莉： 您自己去也得两天之后才能进？

刘永好： 是啊，我到我的很多工厂去，我都必须洗头、洗脸、洗澡，然后把衣服换了，再等待两天才能进去。等你原来有可能携带的病菌逐步消除了，才能进去。这样才能够保证种苗的安全健康。

吴小莉： 饲料也要很安全。

刘永好： 对，饲料是核心。我们的肉蛋奶是什么变的呢？是饲料变的。饲料是什么做的呢？是小麦、玉米、黄豆等混在一块儿做的。所以说饲料安全，食品才安全，饲料是第一位的。饲料出了什么问题，那么食品一定不安全，所以说要把好饲料关。要进好的原料，严格地化验，然后认真地选一个非常好的地方存储；在加工过程中不能有污染，送到养殖场的时候不能淋雨、不能受潮。

还有就是种苗，种苗刚才已经讲了，要选择很好的种苗，不要有污染的种苗。这样效益比较好，选出来的种苗长肉比较快，味道也比较香。

接下来就是养殖。养殖方式中有我们自身养，也有我们跟合作社的农民一块儿养，我们给他们提供技术服务，提供金融服务，提供市场服务。

养殖好以后要屠宰，要加工，加工好后要运输，到销售的环节时必须有冷冻车；在每个环节的时间不能够太久，否则肉就不新鲜了；最后卖给消费者，要通过冷链系统，要通过我们的分销系统，要通过我们各级各类的市场，这整个就叫产业链。这个产业链完整地运行，最后我们可以给老百姓提供价格低廉、品种多样、安全的肉蛋奶产品。这就是我们应该做的，这就是农业产业化的畜牧业产业链，或者讲肉蛋奶产业链。

吴小莉：您觉得只要肉蛋奶产业链的每一个环节都能够做到位，食品安全就是有保障的？在未来的 5 年是有可能把这些做到位的？

刘永好：是的。有人说我们要吃土鸡、土猪，因为它们吃起来安全。有人说我们要吃野猪、野鸭、野鸟，因为它们吃起来安全。实际上这两句话都不完全对，野生的东西不完全安全，因为它在外边到处找吃的，没有受到控制，或许就吃到了很多农药，或许就吃到很多不应该吃的东西，所以说是不安全的。

所以说我们要吃得绝对安全的话，只能吃在严格控制的生产过程、产业链格局下生产出来的食品。

吴小莉： 中国农业大学的食品安全专家朱毅教授，她对于产业链本身是不是确实能够保障食品安全有一些不同的看法。

朱　毅： 就从饲料说起吧，比如说装饲料的包装袋，这个不可能你自己生产。小而全和大而全不能够、也不可能是将来的发展方向。这不是一个互信的社会，下游对上游已经不信任了，所以一旦有资本投入农业，人们就想要做全产业链，也就是说，只有能做全产业链，人们才敢去做，觉得只有这样才能够保证下游的终端产品是安全的。实际上这是一种无奈。

刘永好： 是的。全产业链是相对的，我们刚才说的是畜牧环节的产业链。这个产业链建设非常重要。现在全球的大企业，像美国 Smithfield 公司，它是生产猪肉的，从种源、养殖到加工到上餐桌都是它自己在把控。

朱　毅： 全产业链在中国来说，可复制性不是很好，对食品安全的保障功效也不是很好。因为有很多号称是在做全产业链的，中间也还是出了一些问题，比如说乳品业曾经就出过问题。我觉得是因为在最上游，也就是农户在最起初的环节就做得不是很到位。我想问一下刘先生，你们在这个环节是怎么落实的？

刘永好： 在全产业链这个格局里面，农民和企业最好能够融为一体，所以我提到，我们要更多地组建专业合作社。比方说养猪合作社、养鸡合作社，由若干家农户和若干家龙头企业联合组建，以农民为主体。在这个合作社体系里面，龙头企业起带头引导的作用。拿我们来讲，我们做什么事呢？第一是组织工作。我们在各个地方组织、推动、帮助组建合作社。第二是提供技术服务，我们帮助这些农民用科学的办法养鸡、养猪、养鸭。第三，提供市场的需求信息和帮助搜索信息,还提供一些金融担保来帮助农民融资。在这个体系里面我们的企业已经不单单是饲料供应商,或者是肉食品供应商了,而是这个畜牧业、肉蛋奶产业链的组织者。而主体是谁?是合作社。合作社的核心是谁?是农民朋友。这样的话,农民朋友的利益和企业的利益是连在一块的,这样就能够保证农民利益和企业利益合理的分配,保证产业链的可延续,较好地控制食品安全。

企业与农民要联合

吴小莉: 我们在谈未来 5 年中国农业的产业发展。您觉得普遍来说,能够形成多少这样的现代化农牧业体系?

刘永好: 农业分两部分,一部分是种植业,种粮食、种蔬菜。现在种植业规模不大,在近几年要有非常大的突破有难度。因为我们的土地年产承包责任制决定了我们每一户农民的耕地不大。虽然我们可以通过流转扩大这个规模,但是要完全实现数千亩,甚至上万亩的耕种是有难度的。

另一部分是畜牧业。畜牧业与种植业不一样,因为它占用的土地并不多,它可以规模化地发展。最近两三年来,畜牧业规模化发展的速度非常快。现在沿海地区,已经很难找到一家一户养几头猪的了。在这个伟大的变革过程中,有一部分农民从小农变成大农,创办了农业企业,变成农业合作经济组织的参与者、推动者和建设者。而在这个伟大的变革过程中得益的是谁?农民、企业、社会、政府,所以说这是共赢的事。我说的就是这样的变革。

吴小莉：我们现场有农户的代表，我们请他们来说说他们的心声。

路振旺：我想问大哥，您是怎么把农民全都组织起来，保证食品的安全的？农民一家一户的，有好几亿，想真正组织起来，我觉着很难。

吴小莉：我先说说振旺的情况，他自己家里有 20 亩地，种过西瓜和蔬菜。那您种西瓜和蔬菜平常加不加农药的？

路振旺：种西瓜全用纯粹的农家肥：鸡粪、猪粪、羊粪，后半秋要种菜的时候就开始补加氮磷钾肥了，要充施。农民都知道，种地不使粪，等于瞎胡混。粪使上了，后劲没了，前半秋全让西瓜吃了，到后半秋种的菜质量不好，就得要追肥、打农药。这是每一个农民都不可避免的。

吴小莉：那您知道这些农药，哪些是合标准的，哪些是不合标准的吗？

路振旺：标准的农药现在有生物农药，可是一般老百姓买不起，太贵了。化工农药它相对便宜点，效果也快。

吴小莉：那化工农药种出来的菜您吃吗？

路振旺：赶上断季的时候也吃。实在没得吃了也没办法，明知道有毒，打了药，那也得吃。现在我们农民也很是发愁，种多了卖不了，种得品相不好，也没人要。

吴小莉：刘总您来回答一下振旺的问题吧。

刘永好：整个农业的百分之四十几是畜牧业，百分之四十几是种植业，大概是这样的。我不太了解种植业，但是我知道种植业它需要规模，没有规模就没有效率，也就没有效益。但是怎么样形成规模呢？这里有一个土地再集中的问题，而土地集中又是一个政策问题。我觉得这些问题都有待改革。

还是要形成一种农业合作社。在农业合作社这个体系里面，有专业的农业技术人员，他会帮助农民们考虑用什么农药，怎样更环保，怎样更安全，怎样能够成本低。国家要给种粮食的、种蔬菜的人更多的实实在在的帮助和支持。

吴小莉： 刘总，其实您现在做的这种农村合作体系，主要是大家一起来抗风险。在与农民的合作中，信任和资金是最为重要的。比如说信任问题，这涉及价格好的时候怎么做，价格不好的时候怎么做？您现在用协同的方法。那您有没有一些比较惨痛的经历呢？

刘永好： 太多了。2011 年 9 月份，毛猪收购价格为 24 块一公斤，但是后来在相当长的时间内，大概只有 14 块左右一公斤，换句话说，跟 2012 年的平均价比最高价格跌了 10 块钱。而玉米却涨了不少，涨到十几甚至二十多元一公斤。就是说饲料涨了，毛猪价格反而跌了。你看看上市公司的公告，2012 年的畜牧业，养猪、养鸡、养鸭、做种源的企业，股价都跌了。它们的赢利都大跌，为什么？就是因为养猪有一个猪周期。专家研究发现，我们的猪的价格波动周期和我们国家经济波动的周期比较接近。中国的经济周期又叫"猪经济""猪周期"。也就是说，我们可以通过研究好猪的经济周期，来引导、帮助我们的农民朋友，来引导、帮助整个市场。我觉得这是件非常有价值的事。

吴小莉： 那您在这个抗波动的过程当中，和农民从博弈到协同关系的转变中，

　　节目录制这天，刘永好挑选了一件黑白粗横条纹的毛衣配西装，很有时尚混搭范儿。衣如其人：如果说宗庆后那件质感硬朗的毛呢西装明确地展现出宗总的硬汉气质，那么这套条纹毛衣与西装的搭配，则清楚地表达了刘永好对年轻对时尚的追求。

有什么样的经验？

刘永好： 我们 2012 年至少少了 10 个亿的利润，这 10 个亿的利润去哪里了呢？为了保证农民基本不亏或者少亏，我们的肉食品加上我们的种苗，可能要亏损差不多 10 个亿。但是我们的饲料和其他的熟食品加工，可能赚大概十几个亿，叠加起来我们就少赚了 10 个亿。我觉得这就是产业链的作用，这就是联合体的作用，这就是合作经济体系的作用。投资农产业，是一件风险比较大的事，它不是说你有钱，砸下去就一定能够赚很多钱的。

吴小莉： 未来农业土地会是越来越集中呢，还是越来越碎片化？

刘永好： 土地的适度规模化是必须的、肯定的，只是时间问题。

吴小莉： 其实在农业的问题上，土地是非常关键的，我们来看看，您曾经说过的一段话，您说："我国人多地少，人均耕地面积只有 1.3 亩。种植业的规模化、集约化受到影响……要流转几百亩地，就要和几十户、上百户农户沟通、签协议，有不少矛盾和变数。要普遍地通过规模的种植业来较大地提高农民收益，在一段时间内还不太现实。"

刘永好： 是的，确实有一些企业，它们通过流转、通过联合达到了适度的规模，但毕竟是少数，它们所占的比重还很小。

吴小莉： 您是不是有一些切身的体会？

刘永好： 对。我们曾经试想过，在贵州推广一种高耐氨酸的玉米。农民是分散的，他们有的愿意种，有的不愿意种。后来我们又试图统一把土地流转，找一个人来种，结果实行起来很难，因为你达到上万亩土地，可能要跟数千户农民谈，要谈拢。并且，你今年做好了，要是明年人家不干了咋办，所以你就不敢大投入，这是非常现实的问题。这就意味着，中国种植业的规模化、现代化还要时间。

未来农产品价格会上涨

吴小莉：很多人关心，在农业现代化之后，中国食品的价格是会更昂贵还是会更便宜？

刘永好：随着社会经济的发展，人们生活水准的提升，农产品生产资料价格的上涨，农产品的价格逐步地、适度地上涨是可能的，但不会暴涨。为什么呢？因为人工成本在这儿，土地的成本在这儿，肥料的成本在这儿，汽油费在这儿。这些都在刚性上涨。

今后农业生产逐步规模化以后，效率提升，生产用工的成本降低了。这个有可能使食品价格下跌。一个上涨一个下跌，会达到平衡。平衡点最终就是略有上涨。我觉得这种格局最有可能。

吴小莉：黄德均是做农业咨询工作的，大概有 20 年的经验了。您觉得未来的食品价格是会更昂贵，还是更便宜？

黄德均：中国农产品的价格在未来 10～20 年间都是在一个上升通道之中。我为什么这么讲呢？主要是有以下几个方面的支撑。

第一，我们中国过去实行的是农产品低价政策，带来的是一种隐性的农业的供应不足。数量或质量有时候是逆向的。生产一种比较好质量的农产品，数量可能就上不去。这样造就了中国目前的一个经济奇迹，那就是低通胀。我们的经济增长速度发展很快，但是这个是难以维系的。农产品或食品的价格本身没有反映它的价值，它有补涨的需求。

第二，跟中国的农业资源有关。中国是一个人口大国，资源状况又非常差。我们大概有 1/3 的县，人均耕地是低于国际警戒线的，2/3 的土地是低产田，最关键的是，一半的土地根本得不到有效的灌溉。在这样的资源情况下，要生产足够数量的产品来满足未来将近 15 亿人的需求，供应量将很成问题。

第三，就是需求的拉动。因为城镇化、工业化和人口绝对数的持续增长，会带来供应需求的上升。过去我们研究过，中国人在粮食、果蔬和肉类的比例上是 8:1:1，改革开放以后这个比例变成 5:3:2，未来会变成 4:3:3。未来这种肉食品的需求还会极大地增长。

第四，从供应的角度讲，我们也需要依靠国际市场的调剂。我印象中，2004 年中国的农产品贸易逆差第一次出现，当年是 15 亿美金，今年已经达到了 500 亿美金。也就是说，不到 10 年的时间，我们从国外进口的农产品金额就翻了 30 多倍，并且仍处于上升趋势中。

第五，从东亚农业本身的特点来讲，我们现在国内总体的农产品和食品的价格，只相当于东亚这些国家的 1/3 而已。也就是说，从未来的工艺需求和我们的资源条件来看，农产品和食品的价格肯定是一个稳定上升的过程，目前只是处于补涨阶段。

吴小莉： 如果是一条直线，左边是下跌，右边是上升，那未来农产品价格适度上涨的话，它可能会在这条线的哪个位子上，是中间还是偏右一点？

刘永好： 走到中间点吧。

黄德均： 我判断的价格比刘总的要稍微更昂贵一些。

吴小莉： 我们 5 年后再来论证一次，看谁说得比较准确一些。

未来五年需要现代化农民

吴小莉： 精英农民，职业农民，未来现代化农民，会是什么样的群体？

刘永好： 最近这几年我们大量地去培育、挑选一些合格的养殖人，或者是投资人，或者既是投资人又是养殖人，结果我们惊奇地发现有个群体最好。什么群体呢？他们年龄大概在 45 岁上下，外出务工了 10 年、20 年，他们在外面见过世面，懂得纪律，并且有相当的契约精神。他们有一定的积累，有大概 10 万～30 万元。他们想做现代农业。他们是我们最好的合作对象。

我们把他们组织起来，然后让他们成为我们养猪合作社中的一员。在某个区域内，我们找 100 个、200 个这样的人，把他们的 20 万、30 万拿来作为合作社体系里面的资金，占 80%。而我们的企业拿 20% 装进去。在合作社里面，我们的企业成立技术服务公司跟他们对接——养什么种，用什么饲料，在哪里建猪厂，怎么样防疫，怎么样用药，怎么样收购，一切按照科学的办法进行规划。

然后这些农民朋友的 20 万、30 万元远远不够，要贷款。谁给他们贷款？

银行说我愿意贷款给你，但是你要拿东西来抵押，但是大部分的农民朋友没有抵押物。我们组建了担保公司，由我们去跟银行谈。银行相信我们，因为我们规模相当大，银行也愿意支持我们的龙头企业，支持农民。于是，银行给农民提供贷款，我们来担保。这个钱拿来做什么呢？建猪舍，建鸡舍，买饲料，循环经济就这样开始了。这就是产业链，这样既保证了安全，保证了效率，又保证了资金的需求及农民收入的提升。

我们计算过，在这个大体系里面，我们这些40多岁的农民朋友的平均收益比外出务工略高；在行情不好的时候，可能跟外出务工差不多或者略低一点；当市场行情好的时候远远高过外出务工。这样，农民在家门口就有自己的产业，既当老板又当工人，即有保障又有技术，何乐而不为呢？

吴小莉：我之前跟刘总沟通的时候，刘总说过可能会有一半的农民朋友可以进入这样的现代化农业体系。您是不是现在还维持这样的判断？

刘永好：统计局说，现在农民占了人口的一半了。农民里面有相当一部分是老人、孩子，真正的农村劳动力没那么多了。而从事现代农业的，我认为最好就是这些40多岁的返乡农民，还有就是学这个专业的年轻学生们。他们学的这个专业，社会需要，市场需要，国家需要，我们的企业需要。这些大学生受过良好的专业教育，我们每年都在招聘，就是因为他们是我们现代农业的基本，未来看他们了。

资金进入农业的优劣并存

吴小莉： 看得出来，刘总对于农业充满着感情。现在也有很多人看到了农业的机会，所以有很多的钱进入了农业。我们下一个关键的问题就是：进入农业的门槛到底是高还是低？这么多的资金进入了农业，对于农业的发展是好还是坏？

刘永好： 为什么大家都要去做地产呢？因为房地产效益比较好。"千军万马"去做房地产带来的结果是什么呢？就是城市化的进程加快，房子越来越多。

为什么没有"千军万马"投资农业呢？当"千军万马"投资农业的时候，我们的农业一定会热起来。农业投资热起来，我们"三农问题"的解决就会有很好的基础。最近我惊喜地看见，很多的企业，包括地产的、互联网的、钢铁的企业，它们都在往农业方面投资。这是好事情。

吴小莉： 看来刘总心胸很宽大，欢迎更多的钱进入农业，因为这样可以加速农业的现代化，加速它的规模化。我们想知道，到底是哪些钱进来了，这些钱关注的是什么？我们这里有一位投资专家，他投资农业很多年了，傅哲宽。

傅哲宽： 从现在来看，从事农业投资的资金主要来自四个方面。第一个是政府的引导基金，政府的投资平台。过去是政府直接投资，现在是以引导基金的方式来吸引社会资本。第二个就是咱们的这种产业资本。就像咱们新希望、中粮等这种本身就是以农业为主的企业，当它们达到一定规模以后也开始投资，然后围绕自己的产业链上下游来做。第三个就是私募股权基金，这是最近几年最热的一种资金。刚才刘总说的房地产企业，钢铁企业，还有其他行业的企业，它们实际上是通过同一个渠道来投的，那就是私募股权基金，就是大家通常说的 PE 和 VC。第四个就是来自其他行业的资本，像联想，联想这几年对农业投资力度是非常大的。它除了在中国做投资以外，还走出去了，去巴西、去非洲等。目前农业的主要投资者应该就是来自这四个方面。

吴小莉：刚才刘总说欢迎大家进入农业，看到这么多的朋友进入农业了您很高兴，但是朱毅教授对于这些资本进入农业有不同的看法。

朱　毅：现在投资农业确实是很好，但是这些投资者想清楚了没有。很多人都没有发现，农业是一个弱势的产业，是个高风险的产业。有些人明白了还继续往里面投钱，他们继续投的原因是什么？透过现象看本质，我们觉得他们是醉翁之意不在农业，而在于农业背后的土地。

　　比如他说他要做一个什么现代化的农业，用这个借口把那些地都拿过去，最后那个地变成了一个度假村。这类的事情常有发生的。

刘永好：投资农业，是一件长远的事，是一件低利的事，是一件风险比较大的事。它有市场风险、食品安全风险、政策风险，还有生物安全风险，比如口蹄疫之类的。它比普通的工业多了一个生物风险和一个食品安全风险。要控制好这些风险，没有长期的研究、没有长远的应对措施和办法，是不可能做好的。同时这个行业还要求有一些热爱农业，同时又懂技术的专业人员。我觉得没有这些准备就只有钱，看到这个行业好就投，成功的可能性不大。我知道有几个朋友，他们做房地产做得很好，看到养猪赚钱，就大量投资养猪业，结果今年亏得一塌糊涂。

　　朱教授刚才谈到的，有一些人利用政策的空子做那些事的情况，确实是有的。

吴小莉：投资农业的门槛，究竟是高还是低？照刘总刚才讲的有那么多风险，所以它的投资门槛，应该是高的？

刘永好：应该说农业的投资门槛非常高。它不像开工厂，买了机器、引进了技术就行了。第一它要靠更多的人文关怀。猪鸡是活的，是有感觉的，你没弄好，它就是不长，弄不好它就死了。养猪、养鸡要经验，同时你还要关爱它们。第二要有相当长时间的积累，有相当的人员、相当的土地和相当的隔离措施，要有规划，它是一个系统的工程。所以我建议愿意投资农产业的朋友们要做好准备，在人才培养，在技术储备，在土地的选择，在品种的改良等诸多方面都做足文章，这个时候大力投才是最好的。

吴小莉：哲宽，我想问，刘总非常大方地说欢迎大家来投资，但是真有很多大企业投资农业了，对他来说会不会有竞争的压力？

傅哲宽：我觉得应该还是有竞争压力的，尤其是像联想这样大的工业集团进入农业，因为他们在工业领域做得非常成功，尤其是在市场运营和品牌运营方面，还有企业经营管理方面做得也非常成功。未来农业的方向肯定是这样的，就是用工业的这种生产方式去作业，用工商业的理念去经营。其实联想这种公司是非常有优势的，只要它把团队配好，然后资金也够，进入刘先生的这个行业，就会跟他们形成竞争。当然这个竞争我觉得不一定是坏事，有可能会促进双方的成长。

对话刘永好：
新农业的未来变局

刘永好和吴小莉

吴小莉： 刘总您觉得呢？未来会不会真的有很多大块头开始跟您在这个市场上竞逐？

刘永好： 我觉得这是大好事。首先中国畜牧业、肉蛋奶这个产业非常大，是个好几万亿的市场，是最大的产业之一。其次现在那么多的市场需求，光靠几个、几十个、几百个企业远远不够，需要一大批的企业，更需要大块头的企业。最后，像这种相当有实力、相当有头脑、相当有组织能力的企业来共同推动这个行业尽快地发展，是大好事。我觉得这没有什么坏处，我非常愿意跟他们进行交流沟通，来促成这个行业的进步。当然我也非常希望与这些企业有一定程度的合作。实际上过去几年我跟上百家企业合作过，包括外资企业、民营企业、国有企业等，通过合作实现了共赢。我觉得这种合作将会继续下去。这也是我们发展的重要措施之一。

特色农业可发展，大路小路一起走

吴小莉： 现在有一些特色农业，你怎么看这样的农业模式发展？

刘永好： 这是发展的一种新的趋势。随着城里人对食品安全更加关注，随着更加个性化需求的提升，有机食品的生产逐步时兴起来了。我觉得这是好事儿，可以满足不同层次的人的需求。但是要做到这点也很难，因为它要土地，也要跟很多的农民朋友达成协议。

吴小莉： 吴威是做有机农业的，刚才刘总说了土地是很大的问题，您能告诉我，除了土地之外，您还遇到过哪些问题？

吴 威：我是 2009 年才投身有机农业的，或者叫生态农业。我觉得感触最深的是团队问题。因为有机农业这个体系完全是另外一回事，里面各个环节很多，比如上游的、生产资料的、田间管理的环节，加上我们做的是细分市场的一个全产业链，所以我们的服务系统也要搭建。这里面就有人的问题。

我们农场就在北京近郊，密云。我们的主力、在田间工作的，都是在 40岁以上的，而且几乎都是女性。我们那个村叫东邵渠镇，离北京很近，一般的劳动力都出去了。北京的农民条件还是比较好的，愿意去田间地头的不太多，这是一个很大的瓶颈。

吴小莉：您还是坚持下来了，听说您旁边的那个村镇里很多企业都荒弃了，大概有 1000 多个以前做过特色农业的企业都废了。

吴 威：这个现象在北京近郊还比较典型。废弃的大棚未必都是做有机农业的，我把它叫作烂尾大棚。每段时间政府都会有一些政策去扶持建设一些农业设施。但是这种设施的应用是需要一个体系的，从生产到销售的一个体系。当这个体系不完善的时候，在北京近郊种植蔬菜显然是没有成本优势的，所以不怎么挣钱，甚至是赔钱，那还不如荒废掉。

吴小莉：对你来说，除了开拓市场之外，你想再实现生产规模化吗？土地问题有没有遇到？

吴 威：我的规模化是不能和刘总的规模化做对比的。我觉得我们是两种不同形态的农业。我是做会员制的订单农业，我在种菜的时候我的客户已经确定了。我就按照自己吃的标准给大家种，我遇到的困难就是如何让大家相信我。所以我是从小范围、小众开始做。我做了三个月，目前我只服务 100 多个家庭。未来我希望在北京做到三五个农场，我明年的目标是服务 1000 个家庭，依然是非常小众的。和刘总的 700 亿元规模、带动那么多人就业、带动那么多相关产业的发展，是不一样的。

吴小莉：我们来看一下投资专家怎么说这个问题。哲宽，是您的话，会投资这样的特色农业吗？

傅哲宽：我们大概从 2006 年开始做农业，一直做到今天。原来主要集中在畜牧业，我觉得从现在开始，我们应该更关注种植业。像这种特色农业，我觉得未来会有机会。它未必一定会成为主流，但它一定是一个非常好的补充。整个社会的消费层次是分层级的，它有高端消费，有大众消费。吴威他做的事，是为了满足城市里面这种高层次的、高消费的人群。

这样的人群不庞大，但需求量很大，消费能力也很大。如果做得好，比如咱们在北京做到一定规模，做到 10%，他就能覆盖几十万个家庭。那在北京做好了，有可能到广州也去做一个，广州做好了可以去上海做一个。所以他可以做成连锁的模式，这样他的规模效应也就能出来了，也符合我们的投资要求。所以我觉得还是可以去投资这种特色农业的。

吴小莉：它们其实是有市场的，但市场比较小众。

黄德均：我们中国现在是几种农法并存。像做有机食品，我把它称为自然农法，就是它非常天然、非常生态；新希望致力于的工业化、规模化、解决大众食品的这么一种农法。还有一种农法是生物农法，这三种东西现在在中国并存。自然农法很好，可持续发展，但是不能满足社会的需求，我们中国人对食品的需求靠这种办法是不能解决的。刘总他则致力于要让大家先吃饱。生物农法现在巨大地改变了我们农业的面貌，但是它的稳定性还不成熟，还在做一些推广、做一些实验。

有机食品这个概念我把它归为新农业的范畴，包括我们的都市农庄、我们在大城市郊区建的一些农业休闲的场所，以专门供应城市中高端人群的食品。很多这样的有购买力的人，他们有这种市场需求。有市场需求就必然要产生共赢，所以最近两三年，比如像多力农庄、万达的有机农场，还有海航等，它们都在供给中国的高端消费。而在很多比较发达的国家，他们的有机食品产业能够占到10%~15%。但是在中国，由于我们自然环境的限制，以及渠道等包括食品冷链运输的一些缺陷，使得有机农产品市场的发展，还是要打一个折扣。

吴小莉：那你觉得自然农法对于投资者来说，是一个机会还是一个陷阱？

黄德均：它是个机会。因为根据中国的人口收入，我估计大概目前的市场在300亿元人民币左右。可能未来5年市场就扩大到1000亿~1500亿。这是一片蓝海。但是，我本人并不鼓励这个东西在中国大力发展，因为我们的资源有限。

吴小莉：朱毅教授，对于特色农业、有机农业，您是怎么看的？

朱　毅：某种意义上说，有机农业在我们中国目前的情况下是可望而不可即、可遇而不可求的。你想想看，不断有新闻报道，许多电子垃圾被倒到了中国，加上皮草加工等重污染企业遍地开花，要想去找这么一块没有污染的、达到严格标准的、有机的土地是非常难的。在空气、土壤和水相对来说都有一定隐患的大背景下，讲有机食品，更多的时候是一种有机可乘的概念炒作而已，是一种投机。

有机食品在生产的时候，过程中也不一定全部按照"有机"标准来操作，在检测的时候，它可能更加符合我们普通食品的要求：无公害、安全，农药残留和重金属残留程度不会超标。

我来说一下严格的有机食品的概念。在欧美国家做有机食品，如果用农家肥去施肥，得先拿肥料到相关的检验机构检测它的氮肥含量比，还要检测土壤本身的氮磷含量，两者进行配比之后再使用。

吴小莉：这种有机食品生产，或者特色小农庄，刘总，您觉得会是一个机会还是一个陷阱？

刘永好：有机食品或者有机农庄现在不断地在发展，特别是在大城市的近郊。我觉得，随着城市社会的多元化，人们有不同的选择是对的，但是从土地的使用、资源的占有，以及大众的需求、购买力的角度看，我们的根本点还是在大批量生产普通老百姓能够吃得起的食品，让它真正能够做到安全。

在满足这些需求的情况下，我们再适度地发展一些有机的、小众化的产品。我们大路要开，小路也可以走。这是农村现代化转型的一种趋势。

吴小莉：刘总今天除了带来他的创见之外，还带来他的畅想。您希望中国农业未来的5年有怎样的发展？

刘永好和吴小莉

刘永好：未来的 5 年，我们要打造世界级的农牧企业。所谓世界级，不单单是我们的规模要世界级，更重要的是我们要引领行业的发展，要在这个伟大的变革中争当一个优秀的、合格的、为农民所信任和依赖的、老百姓放心的农业的引领者。

通过我们的努力，通过广大农民朋友的参与，通过和我们一样的龙头企业的共同奋斗，使中国的现代农业更上一个台阶。我也希望通过我们的努力让更多的农民朋友得到更好的收入，尽早实现收入翻番；也希望农民朋友能够得到全社会更多的尊重和保护；也希望愿意从事农业的脚踏实地的、做得比较好的企业，能够得到银行的支持；也希望农民成为一个骄傲的、光荣的职业。

吴小莉：刘总最后为我们留下一句话。

刘永好：农企带动农户，保障食品供应。

对话常小兵：
移动互联大棋局

在移动互联网如火如荼发展的年代，我们多年所遵守的很多章程、规范，或者行为习惯，正在自觉不自觉地发生着改变。今天的一部手机，其能力已经相当于 1969 年阿波罗登月时的计算机。移动互联网就像空气一样笼罩在我们身边，所以它极有可能成为整个经济转型发展的新动力，也极有可能成为我们创新商业模式的新活力，更极有可能形成我们工作、生活、学习等领域的新方式，它充满着机遇和挑战。可以预见的是，由于移动互联网的无孔不入，它必将会影响我们社会各行各业的发展，只不过是来得快或慢的问题。

——常小兵

他曾经想当一名军人，几次错过时机，未能如愿。后来他决定要报考大学，家里的老人劝他选择邮电专业，但是没想到这个选择促使他走上了一条充满挑战的职业之路。他曾经是这个行业里一个小小的技术员，28 年之后，他凭借着在通信领域的卓越成绩，赢得了"中国年度经济人物"。而对于移动互联网的未来，他说，更加精彩的还在后头。

对话实录视频

　　2012 年底，日本的移动互联网之父榎启一接受中国内地记者的采访。他创造的 i-mode 模式，是中移动移动梦网的原型，也曾经在日本开创出惊人的移动互联市场。日本，一时间主导了全球的移动互联模式。那个时代是移动互联的第一次高潮，也是电信运营商的黄金岁月。但即使这样一位战功彪炳的业界泰斗，今天面对以苹果、安卓为代表的智能手机的冲击，也只能淡淡地承认：电信运营商被管道化，不可避免。榎启一说出这番话之时，全球的运营商都已经在过去的几年间，或早或迟地体会到了这句话的苦涩，也都依然做着或成功、或失败但还都胜负未明的突围努力。

　　从电脑革命的开天辟地到体验互联网革命带来的目眩神迷，当人们还在回忆着上世纪 90 年代末本世纪初互联网带给我们翻天覆地的变化时，信息技术的革命又给我们带来了移动互联网更颠覆性的变革。我想我们这一代人是幸运的。科技的创造力放纵着我们对未来的想象，而在这个从互联网到移动互联网再到大数据的时代中，电信运营商成为这个时代不可或缺的参与者和创造者。

　　中国联通并不是中国的电信运营商中市值最大的，但是，它是最早引进智能手机，并且在 3G 这条信息高速公路上奋力奔跑着的重要实践者。

　　就像常小兵说的，"在智能手机被引入之前，人们都还不知道 3G 可以怎样地被应用，智能终端让消费者体验到了移动互联网丰富的内容。"

作为中国联通掌门人的常小兵，邮电专业出身，可以说是见证和亲身参与中国电信业发展的一名老兵，这使他对这个行业极为熟悉，充满热情。在节目录制前的前采上，常小兵谈电信行业的发展、移动互联的未来，言谈中并不回避矛盾和质疑，但有着对行业发展的坚定立场与主张。与中国互联网领域那些不乏传奇色彩的创业家不同，特殊的背景和职业经历使得常小兵的激情很少外露，在回答我们的问题时，他很少用夸张的词语，也不习惯用煽情的方式表达意见，但言辞间绝不乏形象的描述和犀利的观点。

对于参加节目录制，常小兵既欣然又坦然。欣然在于他知道现在各行业都受到移动互联网的影响和冲击，越来越多的人认为这是未来的发展方向，有新的机会和空间，所以对于在这个领域从业多年的他来说，希望透过交流给大家带来更多有用的东西。而对于节目中嘉宾团对他的提议和挑战，他也十分坦然。带着一种平等交流的准备和底气，对于未来要怎么应战，他偶尔卖点关子，倒是一句"未来移动互联的战局，谁是最后的赢家还要走着看"，挑起了所有已参战者和未参战者的激情。

我与常小兵见过数次。在很多人的印象中，大型国有企业尤其是央企的掌门人很少被归类为企业家，他们更像企业政治家，更像官员。但事实上，如果我们真正走近他们，常会得出一些不同的印象：他们有着深厚的行业经验，熟悉和了解行业的发展历史和最新的产业动态，在他们的低调背后，也有着隐忍的激情，他们似乎比谁都懂得如何在创新和规则中把握好平衡。

和常小兵对话，他的表现颠覆人们的传统想法：他思维活跃、谈吐幽默，更重要的是有一说一，让人对他的坦率和务实印象深刻，互联网气质跃然而出。

"这个行业变化太快。"和我聊天时，常小兵忍不住说。

"是不是很有压力？"我问。

"有压力！因为技术进步得太快。刚觉得跟上了，想喘口气？不可能！天天有变化来影响你。"他毫不迟疑地回答。

"电信运营商是自己的掘墓者，因为电信运营商老在做着自己替代自己的工作，因为技术进步太快了。"他和他的团队这样聊着，有些自我调侃的味道。

面对业外竞争，运营商并非不作为。

中移动与腾讯之争很可以看成是运营商发展的第一阶段反应：本能抵抗。过去几年，从北美到欧洲再到亚洲，运营商们面对互联网公司对其传统业务的挑战，无一例外地经历过本能反击的过程，试着用自己的传统地位硬碰硬抵挡外来者互联网公司。常小兵在节目里，半开玩笑地说"互联网公司，你们吃水不能忘了挖井人啊"，一句话把运营商的心情抒发得淋漓尽致。但当变革的大潮愈发势不可当之时，在全新的数据战场，面对创新无限、灵活多变的互联网公司，即使是最有活力、最出色的传统电信运营商也得不断在创新中学习。运营商开始主动出击与互联网公司结盟，传统运营商对互联网公司的语音、讯息业务的抵制瓦解。现今联通的动作频频，似乎正诠释着运营商的第二阶段反应：主动出击。在新的环境中，探索新的定位与出路。

和常小兵的对话，是各种新名词的汇聚，智能管道、信息端到端的服务、下一代网络概念、未来一两年大数据所带来的生活变化等等。连他本人都是在这个移动互联大潮当中各种新兴事物的试验者：玩着各种新兴的应用软件、带着能计步的手环。他说因为从事这个行业，所以他要尝试所有新的领域：即时通信、各种网上平台，即使是和他们有竞争的产品，他也会先试用，因为要知己知彼。

常小兵说："移动互联网，让这一代电信人，可以做着先辈想做而做不到的事。"所以他给自己和团队更多的畅想机会。这或许也是我们对移动互联生活最感到兴奋的地方，因为它有太多的未知，所有的未知都有可能成为一个新图像，就像常小兵所说的，醒得早也起得早，就能够抓住这个浪潮当中的美好机会。

他对于移动互联大潮下的商机有着精辟的看法。他认为各行各业的服务都要想方设法地搬到互联网上去，而每一个头疼问题的解决都是一个商机。这个说法和马云所说，"看看每天互联网上抱怨的事情那么多，这些都是机会，哪里有抱怨哪里就有商机"不谋而合。

移动互联在现今的社会是个显学。我们的生活会如何被移动互联网的技术革新而变革，没有人能够给出完整的图像。而借由常小兵和几位嘉宾团成员的对话，我们多少拼凑出某些可能：技术改变的不是技术本身，而是我们全部的生活。

常小兵对于未来的畅想，也展现了这一代中国电信人的宏观思维。他说："人人使用上移动互联网，尽享移动互联的乐趣。"

关于未来，在多场对话之后，常小兵的一句话让我们最为憧憬。他说："未来，将会超出我们所有人今天的想象。"

开篇

吴小莉： 常总，在移动互联网的世界，什么越多越好？什么越少越好？

常小兵： 应用越多越好，门槛越少越好。

吴小莉： 对于电信运营商来说，什么越多越好，什么越少越好？

常小兵： 客户越多越好，抱怨越少越好。

吴小莉： 那么对于消费者来说，什么越多越好，什么越少越好？

常小兵： 使用越多越好，交钱越少越好。

吴小莉： 希望你们公司可以首先实现这一点。

常小兵： 我在这个场合这么讲，你们给我鼓掌；如果我是面向资本市场这么讲，可能大家就要给我用脚投票了。

吴小莉： 请您先用一句话来概括您的创见，为我们今天的讨论开篇。

常小兵：我和我的同事经过反复地思考，用了一句话来表达，就是：改变游戏规则的移动互联网。

规则本身是有概念的，它是一个群体约定俗成、大家共同遵守的行为章程和条例。在移动互联网如火如荼发展的年代，我们多年所遵守的很多章程、规范，或者行为习惯正在自觉不自觉地发生着改变。1999年我从美国考察回来，我就跟当时的同事讲了一句话，我说互联网还有可能让我们做先辈们想也不敢想的事情。这句话在当时的互联网条件下已经应现，而在如今移动互联网的条件下，将会加快应现。很多领域都伴随着这个变化，发生着人们或喜欢或不喜欢的新变化。站在这个地方，我也很欣慰地告诉大家一组数据，就是刚刚过去的一分钟，我们中国可能就有上百万条微博发表了，而我们中国联通的3G上网记录可能也有几千万条。

今天的一部手机，其能力已经相当于1969年阿波罗登月时的计算机。移动互联网就像空气一样笼罩在我们身边，所以它极有可能成为整个经济转型发展的新动力，也极有可能成为我们创新商业模式的新活力，更极有可能形成我们工作、生活、学习等领域的新方式，它充满着机遇和挑战。可以预见的是，由于移动互联网的无孔不入，它必将影响我们社会各行各业的发展，只不过是来得快或慢的问题。

这些发展、变化有些可能是我们能想到的、能预计到的，有些可能是我们今天仍然想不到、预计不到的。我们发自内心地希望这种变化，能推进信息产业更好地发展，能够给社会经济的增长带来正贡献，用现在时髦的话说是"正能量"！

中国移动互联网速将达到 100Mbps

吴小莉：世界正在构建一个新的游戏规则。我们在享受移动互联的生活的时候，常常会遇到一个问题，就是用着用着突然之间网络不好了，卡住了。所以要真正实现移动互联的生活，带宽很重要，网络速度很重要！那么，在未来移动互联的生活中，我们的网络速度将会是怎样的？

常小兵：速度肯定是越来越快了。我这个年龄的人，见证了中国通信业改革开放以来发展的轨迹。记得我曾经用人工台接一个长途电话，挂一个话单都要一两个小时，可想而知，今天这个年代的人有多幸福了。经过改革开放三十多年的发展，基本的通信问题早已解决。互联网的时代到来了，用户的消费需求被刺激得更加旺盛，消费升级的需求也越来越多，所以随着互联网的应用越来越丰富，对网速的要求也会越来越高。我想无论是无线还是有线，都需要更快速的网络去支撑。

我在这个地方可以告诉大家，中国 3G 网络到今天，我们几家运营商是非常努力的。2012 年底，中国联通的网络基本实现了 21Mbps 网络的全覆盖，在局部地方我们开始了 42Mbps 网络的覆盖。我们现在正在搞更高速率的网络升级，甚至可以预计，随着 4G 时代的到来，网速有可能达到 100Mbps。不过即使到了 100Mbps，人们又会想着什么时候到 500Mbps，什么时候到 1000Mbps，什么时候能再高一点，这也很正常。

吴小莉：咱们先问 100Mbps 什么时候能到？对于普通的消费者和用户，100Mbps 又意味着什么？

常小兵： 理论上，100Mbps 的宽带，就是传 1 个 G 的文件只需要几十秒的时间。但实际上这是一种最理想的状态，即使如此，通常一部电影大概 500M 左右，在 100Mbps 的网速下，可能也才半分多钟就能下载好。有人可能会说"董事长你这是在吹牛，我在家看电影可不是这么快"。现在的网络环境可能跟我们的期盼还是有一定的差距，但是相信这一天会很快到来。

吴小莉： 那到时候宽带费会很贵吗？

常小兵： 2013 年中国的移动网速肯定向百兆数量级冲击。固网宽带随着光纤到户的普及，我相信按需带宽的设计，可能也是运营商未来追求的一个服务环境，就是说，你希望更大的带宽，我们就可以给你设计更大的带宽，但今天我们还没能做到这一步。

吴小莉： 消费者所说的资费越低越好，可能吗？

常小兵： 这也要看技术和运营商的运作。如果技术进步让设备的造价下来，运营商自己的运作水平越来越高，我相信性价比也应该是可以得到合理的控制的。

　　不管怎么样，尽管消费者对网络价格还有很多抱怨，但它每年总体上还是呈下降的态势。我们也有责任有抱负，把网速进一步提高，让消费者能够使用得更加舒服。

吴小莉： 在移动互联的世界中，我们的运营商把信息高速公路越建越宽，使很多的应用有可能诞生。

常小兵： 通信在进一步发展，尤其是今后，物联网跟通信的结合，也就是通信跟物品结合可以延伸出更多服务。健康领域就是一大方向，比如我现在手上带着的这个新一代的跟手机相连的计步器。它可以记录我每天走路的步数，记录我每天消耗的卡路里，记录我每天走的公里数。此外它还有一些新的功能。与手机相结合，能看历史纪录，跟踪评价锻炼成果。你锻炼得好，它给你一条表扬的短信，你锻炼得差，它给你一条提示的短信。而且，它不仅在走路时有用，在游泳或其他锻炼时也有用。它也可以计算评价你的运动效果，但准不准我还没有核实。

设想有一天，我们的智慧医疗仪能够让患不同病的人按需吃药；智慧学习机能够让消费者按需学习……

吴小莉： 您刚才说按需吃药我能够理解，可按需学习是什么意思呢？

常小兵： 你有强项，也有短项。当你在工作生活中遇到了一些难题，你需要一些新的知识补充的时候，你想自觉学习的时候，互联网就向你敞开这个大门，你想学习什么都很方便，不像过去我们还得报这个机构报那个学校。

吴小莉： 不过您也提到过这是一个培育的过程，可能要各行各业都能够越来越多地把他们的服务搬上互联网，这也是一个生态体系的建立吧。

常小兵： 自 IBM 提出"智慧地球"以后，大家都在加速这个智慧、那个智慧的建设，都认为这是一个巨大的社会发展的需要。但真正要把任何一个领域的智慧建设做好，就会涉及这个领域的方方面面，它是一件系统工作，不是一件容易的事。如果用产业链支撑，把某一个领域从头到尾都搬到移动互联网上来，让广大用户去使用、去优化，那我相信这个领域的发展一定会加快。现在很多先知先觉的人或者是有点敏锐感觉的人都看到了这个商机，所以都在推进这个变化。这也是我们这个行业未来增长的一个重要方向，我们期盼着它能给我们整个行业的发展带来更多的贡献。

移动互联时代商机很大

吴小莉：我们就来谈谈商机。有些人说，从互联网到移动互联网，不是替代，是颠覆。项立刚说这个颠覆可能会产生很大的市场空间。

项立刚：毫无疑问，它可能会超越我们对传统互联网的整个理解。为什么呢？互联网它最有价值的东西是什么？是传播。传播需要的是自由、平等、共享、开放。而移动互联网它的智能感应能力，则会整合起一个强大的服务平台，所有不被移动互联网改造的传统行业都是有问题的。这样的一个改造过程它自然会颠覆传统的互联网思维。我个人认为，移动互联网的市场至少会比传统的互联网要大20倍，可能还要更大。未来的像智能健康管理、移动电子商务将会创造出更强大的生机和更广大的市场。

吴小莉：董事长您怎么看？您觉得市场空间究竟有多大？

常小兵：他的观点跟我的观点不矛盾，对这个市场我觉得现在很难准确地判断，但是不管怎么样，我们用惯性思维也能想象出这个市场的空间巨大。

　　就拿中国来说吧，到2012年年底，我们有11亿多的移动用户，其中真正

常小兵和吴小莉

的 3G 用户大概在 2.5 亿。

但欧美日韩等国家和地区 3G 用户占比已达 50%以上了，也就是说以 3G 为标志的移动互联网的发展，在中国有巨大的发展潜力，这是我们幸运的地方。

吴小莉： 有人觉得它可能有千亿以上的规模。

常小兵： 绝对不止千亿，因为它影响到社会每一个行业了。移动互联网，它使传统产业和新兴产业结构优化，它影响着传统的产业，又撬动着新兴的产业，传统的东西要往这里转移，新兴的东西又在这里快速增长，所以，它既有存量，又有增量，今天的存量是明天移动互联网的成果，今天的增量也有可能是明天移动互联网的成果。

吴小莉： 在中国移动互联网的发展过程中，令一般老百姓印象很深刻的是 2011 年、2012 年各式千元智能手机的出现，这其实也是中国市场的另一个商机。

常小兵： 3G 移动通信在欧美等国先行以后，在 iPhone 没出来之前，人们一直对它抱有美好幻想，可没有多少自信与底气。直到 iPhone 问世人们才恍然大悟，应用叠出、个性化消费，一下子市场就热起来了。

经过 2012 年一年的发展，千元智能手机从城市到农村遍地开花。中国市场 2012 年实现了大概近 3 亿部移动终端手机的销售，3G 终端手机大概占到 2 亿部。

吴小莉： 让中国二三线城市的朋友，能够有更多机会应用移动终端，充分享受移动互联生活，这也算是电信运营商和终端制造商的一个贡献。

您曾经跟我说过，谁能够在这个产业链中解决令人头疼的问题，谁就能够把握住商机。今天我们的嘉宾傅盛就为大家解决了一个问题。

傅　盛：对，最近我们出了一款抢火车票软件，是个很小的浏览器插件，在社会上引起了非常大的反响。这件事情让我们反思。其实日常生活中有着太多太多被我们忽略的小应用，它们足以形成引爆点，这从另一个侧面也证明了移动互联网存在巨大的商机。

谁能把握这个巨大的商业机会？以我的角度来看，真正能把握住最大商业机会的可能是应用开发商，而不再是电信运营商。有的时候，就是一条文字信息、语音信息的传递功能，就可以孕育出像腾讯这样的大公司；可能就是一个信息的检索功能就生长出百度这样的公司；可能就是一次网上购物，就可能打造一个世界级的电商公司，比如淘宝。

吴小莉：常总，他的言下之意，是说这条信息高速公路铺好之后在里面跑得最快的，还不是咱们运营商。

常小兵：电信运营商在互联网的成长阶段，做出了不少贡献，但这种贡献与相应所获得的成功，是有明显反差的。应该说，你们幸运的是运营商把这些基础建起来了。我们营造了这么一个可以通过有线、无线方式交互的应用场景，帮助大家打开了这扇门。试想一下，如果没有这个条件，今天你要想做那个插件，即使你想得出来，也没有贡献的机会。运营商在这方面也做了很多尝试，成功的概率不高，不仅中国的运营商成功的概率不高，全世界的运营商成功的概率也不高，我们要反思。当然从另外一个角度考虑，互联网渗透社会各行各业，整个社会又是有分工的。各行各业有不同的人才需求，管理方式也不一样，所面临的阶段也不一样，所以在一个开放的网络条件下，让各行各业都能利用自己的聪明才智，在这上面加工、在这上面生产、在这上面收获，当然也可能在这上面失败，我觉得也无可非议。所以傅盛恕我不客气地说，你们心里也要明白，吃水不忘挖井人。

吴小莉： 常总也不要太难过，我们还有一个嘉宾，他觉得有一个商机你们能把握。王煜全，你觉得是什么商机？

王煜全： 我们一直在研究整个互联网的未来。因为互联网变化非常快，有一个名词已经来了，叫大数据。人最可贵的财富就是这些数据。就像常总刚才提到的，那东西里有健康数据，有运动数据，之外还有交通数据等各种各样的数据。每一个应用只能积累某部分的数据，比如说傅盛知道谁抢到了票，但是他不知道抢到票的这个人是不是按时到家了。只有运营商能够把各方面应用汇集以后，把数据集成起来，所以我们说未来运营商有一个很好的竞争优势——数据中央银行。将来这些数据可以做批发零售，像货币一样流通，这个过程最后的保障者就是运营商。我们认为，这是运营商应该花大力气去做研究、去抢的机会。

常小兵： 我完全赞成你的观点。在移动互联网的年代，未来的赢家有一个基本的条件，就是能聚合加工信息。谁能聚合加工信息，谁就有可能取得成功。美国哥伦比亚大学已经开设数家营销课程，我们的高校像邮电大学、其他高等院校，一定要为移动互联网未来、大数据未来发展，培养所必需的各类主要人才。

吴小莉：常总曾经说，在移动互联时代，数据的挖掘才刚刚开始。吕教授，您看到的商机又有什么？

吕延杰：我非常赞同刚才常总和王总的观点，我们现在进入到了大数据时代。我个人进一步认为，杂乱无章的数据本身并没有太大的意义，数据背后的关系才是十分重要的。我听说北京市政府已经委托了一家公司，从运营商的基站信息中统计了每天北京市二环、三环、四环、五环等各条环路的交通流量情况，包括它们的流量流向和时间的分布，还有地铁一号线、二号线，以及其他所有线路的客流分布情况。

信息背后蕴藏了巨大的商机。从信息经济学上讲，我们现在被海量的信息所淹没，对我们有用的那些信息，它需要进行加工、提炼。我们需要大量的分析师，数据分析也成为大数据时代一个非常重要的岗位。

另外一点，移动互联网带来非常广泛的商机。互联网和移动互联网出现以后，它带动了很多产业，比如说通信运营业、通信设备制造业。可能大家没有想到过，网络产业现在是最大的耗能产业之一，美国谷歌公司在俄勒冈州的数据中心每天的耗电量超过日内瓦市每天的耗电量。所有的网络设备都要用电，如此便产生了节能减排的要求，这也是商机啊！

未来移动互联的收费与免费

吴小莉：常总现在手上也拿了一个移动终端，我想看看您的移动终端里面有没有下载一些应用？这些应用是免费的多呢，还是收费的多？

常小兵：都有，免费的是多数，收费的是少数。

谈论互联网避免不了谈论免费的问题，应该说"免费"也促进了互联网的发展。但是我也想告诉大家，没有绝对的免费，这只不过是一个商业模式。过去付费的，今天不要付费了，过去不能收费的地方，现在可以收费了，这是一种消费结构的转移，我们千万不要误导人说互联网永远就是一个免费的东西。

吴小莉：您曾经跟我说过，免费是互联网时代的延续，它推动了移动互联网的快速发展，但它绝对不会是一个终曲。

常小兵：你看看移动互联网成功的公司跟失败的公司的比例，你就知道，免费要取得成功，也是多么艰难。实际上今天的免费是为了明天的收费。如果今天的免费实现不了明天的收费，长期来看也是难以为继的。很多人就是在这个过程当中没有等到那一天，就倒下了。有人一开始想了一个美好的故事，资本市场也认可这个模式，本着一个好的 idea（主意），开始烧钱，一年不行两年，两年不行三年，三年过后没有耐心了，"对不起你别烧了，我也不给你钱烧了，你自己能找到钱你就干，你自己找不到钱就拜拜"，于是就这么结束了。

所以，我们应该高兴这种免费方式拉动了移动互联网的快速发展，但是这种免费方式绝对不是最后成功的标志，最后一定是靠收费的方式。持久健康地投入产出才能支撑起互联网公司更久地向前走。

听新闻说微信现在已经有 3 亿用户了，新浪微博现在有多少用户？我们大家用得是很欢，可能很难想象腾讯跟新浪也面临着巨大的压力。长期比较好的品质服务，怎么维持下去？能不能找到一个好的商业模式来支撑这种服务？我相信依靠他们的聪明才智，一定能够找到。试想一下，如果找不到，损失了 3

亿微信用户，几亿的微博用户也失去了，那我们的流量也就下来了。

吴小莉： 所以电信运营商也是鼓励大家，先共同把蛋糕做大。只是现在要找到能够吃下去的那一块(蛋糕)，好像比较难。您要不要支点招？

常小兵： App store 上就有很多招。就拿《愤怒的小鸟》来说吧，它是先来免费版让你兴奋地用，你一下就玩过去了，当你想玩高级版本的时候，就得付费了。类似的例子比比皆是，都是先给你一个免费的诱惑，引你进来了，当你玩入迷了以后，想享受更多的体验的时候，对不起，请你付点费用。

项立刚： 互联网时代，可以靠广告收入赢利，可是在移动互联网时代，广告模式也很难再行得通。我建议，一定要用有价值的服务，来获取应该获取的收入。

傅　盛： 我认为未来的移动互联网，会有有价值的应用收费(模式)，但免费一定是主流，因为软件具备的第一个特征就是边际成本几乎为零，就是做一个软件和做 1000 万份成本是一样的，这就决定了它有机会免费。第二个特征是，移动互联网会在传统行业变革的过程中，获得大量原来在传统行业里面效率非常低的这部分环节的收入。

常小兵： 我们谈的东西基本上没有太大的差别。年轻人敢想敢干，他们在不断钻社会各行各业服务不好的，或者潜力被低估、价值被低估，或者消费者不满意的地方的空子，把它们改善了。你做到的，我做到了，他没做到的，我也做到了，然后你我都做到的我免费，你做不到，我争取带来价值获取收益。

　　这是收费结构的一种调整。后进入者利用移动互联网可以影响各行各业重新洗牌，去重新调整收费结构。这实际上就给脑袋灵光的、按规律做事的人带来了机会。

王煜全： 移动互联网的广告收费模式和传统广告收费模式有很多不同。其一是基于位置的不同。以新浪微博为例，新浪微博平板电脑上卖的广告比网页广告贵很多。他们是按照什么卖的呢？他们是按照车站的站牌广告卖的。为什么？因为他们告诉别人说你看今天能看我的微博广告的有多少人，跟看了中关村车站那个站牌广告的人一样多，甚至比那个更多，所以价钱就上去了。

其二是基于社会关系的不同。比如说我跟常董事长是一度好友关系，如果他说"今天我去了哪个餐厅"，我看到了也去消费了，那其实等于是常董事长帮这个餐厅做了广告，而且因为他的社会地位、他的身份，能看到这广告的人都是同等身份的人，所以价值格外巨大。

还有很重要一点，因为移动设备都是随身携带的，所以广告的模式也有了新的变化。比如 iPhone 就推出一款应用叫 Passbook，它把你的购物券、折扣券都存在手机里，平时不显示，但是当你走到离这个店还有 500 米的时候，就显示出来了，你可以去消费。

常小兵： 他的这个逻辑，也是跟我们的分析结果吻合的。因为在移动互联网年代，你一定是在做别人想都想不到的事情，做过去没有人做过的事情。如果你把这些事情都完成得很好，就意味着你在创造价值。在这个过程中，消费结构调整了，这是完全有可能的。

运营商的未来，东方不亮西方亮

李　普：之前，运营商对客户的控制力度其实是蛮大的。我有一个手机号码用了超过 20 年，我不敢换它，不是因为我不会备份通信录，是因为我怕换掉这个号码之后，很多人找不着我了，但是今天我就没有这个担心了。我生活在这么多社交网络之中，国内的有微博、微信，国外的有 Facebook 这样的网络。我现在换了很多次手机号码，再也不担心我的朋友找不到我了。

　　这对运营商来讲，既是挑战也是机会，同时我也想问一下常总，如何让运营商的用户在手机号码上能够找到或附着更多的价值？

常小兵：运用网络体验，我可以与我熟悉的群体在很短的时间里连接起来，这确实是事实。我只要登录到某个应用上，别人马上能很方便地找到我。这弱化了消费者对手机号码的过分依赖，作为运营商，我们不希望它发生。但是号码还仍然有这些应用所无法替代的其他属性，而这种属性，仍然是运营商号码资源的价值所在。从目前看，运营商经过多年的经验教训，尤其是教训，会学得聪明起来。运营商可以利用这些资源，做一些储备。有些事现在回过头看，我们做得不好，但并不意味着我没有做好的办法，我相信运营商的价值还能继续得到维系和发展。

吕延杰：2012 年以来，微信的发展，引起了社会包括学术界的关注。我们做了一些调研，根据东南沿海一些发达省份几个运营商的数据，我们发现 2012 年的短信收入大概掉了将近 20%，彩信的收入掉得更猛一点，有的接近 40% 多。可以说，即时通信的发展对传统的通信业务是有一些替代性的，但是我个人不赞同说它完全会替代传统通信业务。我这么想有两个原因，第一就是传统电话网络有着一种天然的安全性，不是谁都可以侵入到这个网络中的，它是一个比较封闭的网络。

我举一个例子，最早做移动互联网业务的加拿大 RIM 公司，它做的黑莓手机，就非常典型。移动互联网用媒体的观点来说叫自媒体，就是每一个网民，既是内容的产生者，又是它的消费者，这个网络本身是开放的。这是其最大的问题。RIM 公司推出黑莓手机的一开始就非常准确地做了行业解决方案，提供了企业内部信息化的结果方案，企业大多愿意掏钱，因为企业的通信需要十足安全。

傅　盛： 对，我们做了一款手机端的安全软件，专门帮用户拦截骚扰短信，大概一个月能拦 10 亿条吧。但人均的拦截量其实也有些下降，也就是把短信当广告通道的量也在减少。

常小兵： 如果市场上即时通信没有这么快速的发展速度的话，短信业务可能仍然还会有更快的增长速度。如今这个消费市场被更多的方式分流了，但是这并不意味着短信就一钱不值了，或者是根本就没有用的可能了。过去是一种方式在这个领域服务，现在有了其他的替代方式了，它们一起在这个市场上竞争服务，还是让用户去选择吧。

吴小莉： 很多电信业人告诉我，运营商是自己的掘墓者，因为技术的革新太快了。

常小兵： 实际上我们对这个行业主要业务的演变，一点儿也不比你们了解得差，因为我们要把握着企业未来的走向。技术在进步、消费者的需求在变化，我们只要把握住这种变化和做好自己的应对，就会东方不亮西方亮。

　　温柔的笑容,坚定的神情,有问必答,不回避矛盾,有自己的主张和原则,这就是中国联通掌门人常小兵在节目中给人的印象。

谁是移动互联网的最大赢家，还要走着瞧

导读：

　　在过去，中国的手机应用市场是被运营商唯一主导的商场，手机服务的提供者想把自己的产品拿到这个商场上卖，就必须向运营商支付加盟费；如果想要到位置更好、客流更大的黄金摊位，那么还得缴纳一笔推广费。不管是什么样的产品，只要商场收到钱后，都会得到很好的推广。而在今天，各种手机应用商城的出现，就像是在运营商主导的这个商场周围，开起了一大批零售店。商场不再是供应商们的唯一选择，他们可以根据自己产品的特点自由入驻零售店，却不再需要缴纳加盟费、推广费，只需要按月与零售店进行利润分成。至于他们的产品是否能在零售店里得到一个显著的推广位置，主要是取决于用户对它的满意程度。

吴小莉： 移动互联网的特色是一拨替代另一拨，它是一个不断演进的过程。它可能打破运营商原有的、带着围墙的花园，但您还是希望它不断向前演进。

常小兵： 到了 3G 移动互联网时代，甚至再往后走，过去那种围墙模式的空间肯定会越来越小，没有围墙的方式肯定越来越受欢迎。梦想回到围墙里，把移动互联网圈起来，是不可能的，这种方式不可能再作为主打方式，但它也产生了其他的变化，就是流量消费的变化。

吴小莉： 我知道你们也做了应用商城，现在的成果如何？

常小兵： 全世界的运营商在移动互联网年代都在做应用商城。与 App Store 相

比较，不能说我们的产品做得比它成功，只能说我们拷贝了它的模式，结合了中国的国情和市场特色。我们希望给消费者提供更多更方便的下载应用。

自身跟自身比，我们发展还是蛮快的，每年的增速也很高了，但是我们总觉得还有很多需要满足市场的事情要做。今天聚在我们应用商城的应用开发者已经不少了，也达到了百万数量级。

吴小莉： 王煜全，对于运营商做商城，你有什么看法？

王煜全： 我的一个体会就是，原来运营商是整个互联网产业的规则制定者，现在这个规则制定者转换了。

常董事长说对苹果公司又爱又恨，是因为人家乔布斯成了规则制定者。我们只好跟着去玩，而跟着玩的时候，往往利益不能实现最大化，因为规则制定者一定先把利益拿走了。到了 App Store 这个时代，我们的运营商依然不是规则制定者。如果运营商不是规则制定者，我认为运营商的日子仍然会很难过。

吴小莉： 对于这一点，项立刚有不同的看法。

项立刚： 我有一个感觉，运营商其实还是很喜欢 App Store 的，因为只要消费者好好地用一个应用，那么运营商一个月赚 10 块钱很简单。为什么？消费者只要喜欢一个应用，就会产生很多的流量，所以运营商还是希望 App Store 能够起到很好的推动作用，这是第一。第二我觉得在未来，运营商不一定要拷贝 App Store 的模式。为什么？App Store 是卖产品，那么运营商最有能力卖的是什么？是服务。举一个最简单的例子，比如说导航软件在 App Store 里面要卖 10 美金，很多用户就觉得太贵了，就不买了，然后他就用不了。如果到了运营商手里，它会有另一种服务的模式，它可以免费装到用户的手机里面去，然后用一次收一块钱，把卖产品变成卖服务，这会创造一个新格局。我认为在这个领域，运营商有很多可以研究和探索的地方，也有很多可做的事情。

吴小莉：王煜全说，运营商加入了商城这样的服务模式，还不是游戏规则的制定者，所以赢不了。项立刚又提到了，其实运营商可以提供服务。您比较赞同谁？

常小兵：针对王煜全的说法，我们通过这个商城服务去赚取和App Store相同的价值，可能没有空间了。但是现在每个iphone的用户流量消费，远远高于非i-phone用户，那我另一面又有所获得，所以这得看你怎么看这个问题了。

非要在一时还没办法超过别人的领域超过别人，这不是实事求是的态度。但是别人做得好，也能带给你好处，你干吗不做呢？至于项立刚的建议，我没有理由反驳他。他说可以换一种方式去服务，让消费者高高兴兴地用另外一种方式给你交费。如果消费者真愿意接受这种方式，运营商也不妨尝试一下。

吴小莉：移动互联网的世界很大，其中包括电信运营商、移动智能终端制造商、互联网巨头（企业）等，都参与了这场战局。在这战局的参与者中，还有一个被称为是"可能提供无限可能的玩家"，例如具有定位功能的汽车、提供您运动健康数据的运动鞋生产商等等。在这场战局当中，您觉得谁比较适合生存下来？谁比较有未来？

常小兵：电信运营商有自己的角色，移动智能终端也有自己的角色，最后还要看这个"无限可能"有多少尽快变成现实。现在很多车都配着导航、娱乐，大屏在车里显示，还有移动互联的教育应用体验、农业信息化、缩小数字鸿沟、给城乡农民带来消费体验，包括食品安全问题，都可以带来无限的遐想，这里面也有很多商机。现在每个领域都还可以扮演重要的角色，因为现在缺哪一块都玩不转。但谁是最后的赢家，还要走着瞧。因为缺哪一块都不行。

吴小莉：大家都在尝试往上下游走，在这个过程当中，这些玩家们，谁会是运营商的合作伙伴，谁会是竞争对手？

常小兵：如果大家能一起共同创造价值，绝对相安无事，大家高高兴兴就继续向前走，但是如果不能创造价值，讲合作也是假的，将来早晚有一天会翻脸的。创新永无止境。

今天电信运营商遇到了创新的挑战，我不客气地讲，明天"无限可能的成功者"同样也会面临创新的挑战，所以只有持续勤奋地耕耘，才能成功。另外还要看运气好不好。

吴小莉：如果虚拟运营商出来了，会不会给现在的运营商带来影响？

王煜全：其实就像常董说的，我们现在用短信、电话联系都很方便，理论上讲不需要再去用微信，多此一举，尤其是在现在花费并不高的情况下。但是我认为运营商在贴近用户上还做得不够，造成了短信电话的一些用户体验上的缺陷，且并没有深入地去解决。比如集群通话，其实运营商要做的话，早就可以攻下。而这个微信就能很容易地把几方凑到一起，比如我要介绍 A 给 B，以前的做法是我要给 A 打个电话，说 B 要找你，我再给 B 打电话说我打过招呼了，把 A 电话告诉他，他再给 A 打电话。现在就不用，只要把两个人同时拉到微信群里，我说一句话两个人都能看见，两个人就联系上了。

甚至我看新闻、玩游戏、买东西，我都可以直接在微信里完成，这时候我对号码的依赖性就消失了。如果微信转成一个虚拟运营商的话，我相信它会拿走运营商很大一部分收入。

吴小莉：其实今天很多嘉宾发言时，都在替运营商着急，支了很多招。运营商未来可以往哪几个方向发力，比如说管道提供、未来平台的功能、大数据服务……

常小兵：管道提供毫无疑问，运营商如果这个都不干了还干啥？大数据服务，我看刚才王煜全已经讲了，运营商应该是有机会的，就是不要再犯错误了。平台的功能我们干了这么多年，关键就在于如今我们可能在某些领域做得好、仍然还有成为主角的可能，但绝对不是全部领域都做得好。

吴小莉：最后问您一个问题，您说游戏规则在改变。在移动互联网的世界中，您觉得要怎么样构建游戏规则？在构建的过程中，又有什么需要特别注意？

常小兵：第一要尊重规律；第二要创造价值；第三千万不要做损人不利己的事。

吴小莉：对于未来移动互联的生活，现场嘉宾有他们的畅想，他们说：希望用户处处可触网，无线互联会推动自媒体的发展；希望网络实现云可以与智能电网紧密相连，形成真正的物联网系统，移动互联网进入人们生活的每一部分；希望未来能够出现全球移动互联网企业。

常小兵：我们大家都在期盼着早日尽享无线互联的智慧生活，我想这可能是我们的一个愿景。今天说智慧地球也好，智慧城市也好，只要我们社会各行各业都智慧起来了，我们的生活也会智慧起来。

图书在版编目（CIP）数据

吴小莉：与卓越同行/吴小莉著 .—成都：四川文艺出版社，
2013.10（2014.12. 重印）

ISBN 978−7−5411−3769−3

Ⅰ.①吴… Ⅱ.①吴… Ⅲ.①企业家—访问记—中国—现代
②中国经济—经济发展—研究 Ⅳ.①K825.38 ②F124

中国版本图书馆 CIP 数据核字（2013）第 209364 号

WUXIAOLI：YUZHUOYUETONGXING

吴 小 莉 ：与 卓 越 同 行

吴小莉 著

责任编辑 王其进
责任校对 韩 华
责任印制 唐 茵
封面设计 红杉林文化

出版发行 四川出版集团 四川文艺出版社
社 址 成都市槐树街 2 号
网 址 www. scwys. com
电 话 028-86259285（发行部） 028-86259303（编辑部）
传 真 028-86259306

读者服务 028-86259293
邮购地址 成都市槐树街 2 号四川文艺出版社邮购部 610031

排 版 四川胜翔数码印务设计有限公司
印 刷 四川新华彩色印务有限公司
成品尺寸 168mm×230mm 1/16
印 张 15
字 数 220 千
版 次 2013 年 10 月第一版
印 次 2014 年 12 月第八次印刷
书 号 ISBN 978−7−5411−3769−3
定 价 35.00 元